生き方は、
follow your heart find your vision
選べる。

クリス・モンセン

フォレスト出版

はじめに

僕は今、本気で時代に大きな変化がきているんじゃないかと思ってる。

これはいまだ終わりの見えない新型コロナの状況だけじゃない。

僕たちは今、ひょっとしたら地球に住めなくなる日が近づいているとも言われてる。

農地開発のための森林伐採や、温暖化によって生き物の生息地がどんどん減っていることは知ってる人も多いと思う。なんと２１００年には地球から自然の森がなくなってしまうと予測している科学者もいるほどだ。

この先、真っ先に農業が大打撃を受ける可能性がある。それって命の本である食物がとれなくなるってことだよ。そうしたら人類は飢餓に陥って、健康も経済も、今あるすべての生命の循環が壊れる。

今後100年の間に、人類がそんな崖っぷちの状況になりかねない状況で、今、まさに僕たちに新型コロナの波がやってきた。次はAIの波が来て「仕事」が大きく変わるかもしれない。その後に大きな環境破壊が地球を襲ってくるとしたら。

でも、誰もがこれまで通り働いて、この大きな問題を気にしていないように生きている。

僕たちはこれまでのやり方、生き方をしていていいのかな？
あなたは正直どう思う？

僕はもうこれまでの古いやり方ではいけないと思うんだ。

古いやり方が何かっていうと、たとえば、「誰が一番偉いのか」「誰が一番有名なのか」「誰が一番儲《もう》かったのか」って常にナンバーワンを目指すやり方。トップダウン方式で、多くの人が一番上の強い人に従うようなやり方。

従うみんなに自由なやり方は許されない。みんな同じやり方で常に努力努力で上を目指す。そこから抜け出して自由になるのは怖いこと、危ないよって言われている。

「いい家に住めなくなるよ」

「車のローンも払えなくなるかもよ」

「家族を困らせるよ」


僕はそういう生き方や考え方は、もう違うと思ってる。

家賃や子どもの教育費を稼ぐのも大切なことだよ。でもそれだけじゃなくて、自分も家族も地球も大切にしながら、やりたいことをやる人生がこれからは大アリだと思うんだ。


じゃあ実際どうするか。

今の僕たちに必要なのは、一人一人が自分の心と本気で向き合うことだ。

もっというと、今、自分の心とちゃんと向き合うことができたら、あなたが心から望む方向に進んでいける。時代の変化という追い風が吹いているから。

だからね、自分の心がほんとうに何を求めているのか。どこに行きたいと思っているのか。今、どんなふうに感じているのか。その感情は一体どこからきてるのか。

そのことを知ることが何より大切になってくるんだ。

そのためには、ネットサーフィンやゲームに時間を費やすより、瞑想《めいそう》とか、自然と触れ合う時間とか、ジャーナリングで自分の心と会話してノートに書き出すような時間が必要になってきていると思う。

行きたくない飲み会に参加したり、周りの人がやっていることに自分を合わせるのも、もうおしまいにしよう。

「自分」という人間の筋を通すときだよ。

自分の心に向き合いながら「ほんとうの自分は何者なんだ」「ほんとうの自分は何を求めているんだ」って問いかけてみてほしい。

自分は「ほんとうのしあわせ」を求めている。自分は「ニセモノのしあわせ」は求めてはいない。もう心にウソをついて生きたくないって。

大丈夫。自分の心を信頼して、見守りながらゆっくり進んでいけばいい。

シンプルに、自由に、変化を愛しながら、あなたは生きていける。

そんなの絶対無理って思う？

この不安や恐怖だらけの辛い世界の中から抜け出すことなんてできるのか。今まで何度もやろうとしたけど失敗してきた。結局やりたくないことをやり続けて、空回りして、人生ってしんどいなんて感じているかもしれない。

安心して。

この本は、そんな不安や恐怖をはねのける簡単な方法をいっぱいまとめてある。僕と一緒に「自分」というバックボーン、屋台骨を強くしていこう。

僕たちは自分で自分の人生を選べるし、しあわせになれるんだ。

僕もかつては恐怖と不安のカタマリだったんだよ。自分で振り返っても笑っちゃうくらい変化が怖くてしょっちゅうブルブル震えてた。でも不安や恐怖との付き合い方を学んで、できることを少しずつ実践してきた。

そして、愛する家族と愛犬ブルーと心からしあわせに暮らしている。

今、僕は自信を持って言える。

みんな、誰もが、自分の生き方を選べるんだ。

2020年秋　クリス・モンセン

CONTENTS
生き方は、選べる。

CHAPTER 4 とりあえず飛び降りてみよう。物語はそれからだ

CHAPTER 6 フォーカスを変えると現実が変わる

デザイン　佐藤ジョウタ＋後藤ツカサ（iroiroinc.）
編集協力　林美穂・堀香織
DTP　キャップス
校正　広瀬泉

CHAPTER－1

いつまで「そこ」にとどまってるの？

What are you waiting for?

これまで「当たり前」と思えてたことが
ちょっと違うかもしれないとみんな感じてる。
それがOLD《オールド》からNEW《ニュー》の時代に変わっていくとき。
「これまでサンキュー、じゃあバイバイ」してもいい頃だよ。

今、ほんとに歴史が動いてる。

僕たちはものすごい変化の時代を迎えている。歴史を振りかえると、人間にはマンモスを追いかけてたハンターの時代もあったし、インダストリアル・レボリューション（産業革命）やってる時代もあった。人間が人間を支配する奴隷制の時代もあった。日本にはお殿様や武士の時代もあったよね。

世界的にみると、ここ百年くらいは戦争とビジネスの時代だったと思う。「勝った・負けた」「奪う・奪われる」「強い・弱い」。領地とかお金とか権力をたくさん持っていれば持ってるほど偉くて、成功してるとみなされる時代だ。

利益最優先の時代といってもいいかもしれない。

そんな生き方にみんな疲れてきてるんじゃないかな。とにかく売上げを上げて、テストでいい点数をとって、周りにも認められなくちゃいけないという生き方。

収入を上げることより、いい車に乗ってブランドものの服を着るよりも、もっと大切なものがあるってことをうすうす感じてきてる人が増えていると思う。

自分がほんとうに好きなことをしたいという気持ちだったり、大切な人ともっと一緒に過ごす時間が欲しい気持ちだったり。命とか自然とか愛とか、そういうものを大事にする生き方、働き方にシフトしたいと思っている人がすごく増えてるよね。

これまでは社会がそれを受け入れるムードはほぼゼロだった。僕ら自身も決められたレールから飛び降りるのが怖かった。けれども今、そういう生き方、自分のハートを信じて生きていくことが可能になってきている。

これまでをOLDの時代だとしたら、まさにNEWの時代が始まっている。

ＯＬＤが悪いわけじゃない。僕たちはすべての人類の歴史を背負って今がある。テクノロジーがこんなに発達したおかげで、世界中どこにいてもミーティングできたりするわけだから、過去を否定するんじゃなくて、「これまでありがとう！」って感謝しながら、ＮＥＷの時代に進むときがきているんだと思う。

毎日上司より遅くまで働く、偏差値の高い学校にいく、大手企業に勤める、結婚しないと一人前じゃない……あなたはホントはどうしたい？

NEWな時代への流れは、新型コロナの世界的なパンデミックで加速してる。たとえば、これまでは在宅勤務ってフリーランスだったり手に職があるような限られた人がやっていたことだった。それが、会社員でも在宅勤務という形で、家で働ける人は家でやっていいよというのが社会のルールになってきているよね。アメリカのIT企業は半永久的に会社に来なくていいようにシステムを整備し始めてる。そうなると、通勤の満員電車に乗らなくていい。そりゃみんな大賛成するよ。

人間のモチベーションの研究をしているNYタイムズベストセラー作家のダニエル・ピンクという人が「人間の80%は朝型だ」と言っている。ということは、リモートワークを導入するだけで、多くの人が1日で一番頭が冴《さ》えている時間を満員電車じゃなくて自分の仕事に集中して使うことができるようになる。

家へ帰る電車にも乗る必要がないから、早い時間に仕事を終わらせることもできる。その時間を、これまでやりたくても時間がなくて後回しにしてきた勉強とか趣味、家族と過ごす時間に充《あ》てられる。

昭和の高度成長期から日本のお父さんたちはずっと「企業戦士」っていわれて、「24時間働けますか?」みたいなＣＭの世界を地でいってた。

いい大学出て、有名な大企業に入って、会社では上司より遅くまで働いて出世を目指す。結婚したら、会社まで往復3時間みたいなところにマイホーム建てて、家のローンや車のローンや子どもの学費を払うために定年まで働く。それがスタンダード。

こうしたしあわせの形が社会共通の価値観だったんだと思うんだ。

でも、こういう働き方や生き方をあなたはしたいですか?

そうしないとしあわせになれないと思う?

僕は違うと思う。

そういう働き方や生き方はもはやＯＬＤになりつつある。

有名企業の倒産は時代が大きく変わるサイン。
うちの会社も潰《つぶ》れたらどうしようと怖がるより、
新しい時代の波に乗るチャンスと考えたほうがいい。

脅かすわけじゃないけど、**これまでのＯＬＤな価値観や考え方にしがみついていると、社会の変化の大きな波に乗れなくて、会社と一緒に共倒れなんてことになる可能性だってある。**

たとえば、ＯＬＤの考えを貫いてる会社に勤めてるとする。その会社は社員の休暇を認めない。残業代を支払わない。上司がパワハラで部下を支配する。そういう経営をしている会社にどんなことが起こるかっていうと、まず優秀な人は別の会社に行く。「もうここは私と合わないな」って。で、自分から動けないような人だけがその会社に残る。新しく入ってきた人も、入社試験の段階で気づかない人が働き出したら「あ、この会社ヤバい」ってすぐに辞めたりするから、離職率がめちゃくちゃ高い会社になるだろうな。

アメリカでは、大企業の倒産が相次いでる。創業200年ほどの伝統ある百貨店ロード・アンド・テイラーとかニーマン・マーカス。紳士服ブランドのブルックス・ブラザーズ。世界最大のレンタカー会社ハーツも経営破綻《はたん》した。

小売業やレンタカー会社はコロナ禍で外出できないことの打撃をモロに受けてしまったともいえるけど、大手が潰れるってのはそこで働いている人だけじゃなくて関連している会社も多いから社会への影響がハンパない。百貨店に卸す商品を作っている会社とか、車が動かなければ駐車場やガソリンだってこれまでみたいにいらなくなるって想像できるよね。ニュースで「あの会社潰れちゃったんだ……」となんとなく眺めてるかもしれないけど、はるかに重い負の連鎖が起こる可能性があるんだよ。

これは海の向こうのお話じゃなくて、日本でも同じ。

こういう話を聞いたときに「どうしよう、うちの会社も潰れるかも」って怖がるんじゃなくて、大企業が倒産するような時代は社会が大きく変わるサインだって気づいて欲しいんだ。**これは生き方、働き方を変えるチャンスになる。**

この時代の大きな変化の波に自分を合わせていく大きなオポチュニティなんだ。

一つの業種がなくなると、必ずっていっていいほど新たなビジネスチャンスが生まれてくる。新しい取引先だったり、新しいビジネスアイディアが生まれることもたくさんある。

実際に今会社が倒産して失業中の人もいるかもしれない。それは一見悪いことが起きたように見えるかもしれないし、今はきっと落ち込んでるだろうけど、新しいチャンスが転がってる瞬間でもあるんだ。

大切なことは、ＯＬＤの視点から心とオポチュニティの視点へ移すこと。なぜならば、僕たちはもうＯＬＤに戻ることはできないから。

僕は今、自分がずっとやりたかったライフコーチをしているけど、そこに至るまでは大手企業と取引するようなエリートを目指していたこともあったよ。それがニセモノの願望だってなかなか気づかないで振り回されて生きてきた。でもあるとき、やりたくないことを続けてもうまくいくことはない、**心からやりたいことをしないとうまくいかない、そうしないと自分が望むようなしあわせは手に入らない**って気づいたんだよね。

じゃあ大好きなライフコーチを始めたら順風満帆か……といったら、そんなこともない。当たり前だよね。好きなことをやったって問題は出てくる。不安や心配はつきもの。でも、今は問題や不安や心配に対処する方法がわかってる。この本では、今どんな状態でも前に進むことは怖くない、大丈夫だって知ってほしいし、その乗り越え方も伝えたい。

問題というやつはやってくるとめんどくさいし、怖いし、困っちゃうし、嫌だなって思う。でもあるとき、問題は越えた後に必ずギフトをくれるってことがわかったんだ。問題と格闘してるときは、なかなかそんなふうに思えないけど、**「ああ、あの問題があったおかげで、僕は今こうしていられるんだ」って感謝に変わったりする。今は問題がやってきたら「問題先生」って先に呼んじゃうくらい感謝してる。**もちろん、問題のサイズにもよるけどね。

あなたが何歳でも、あなたが今どんな状況でも、やってみたいことがあったり、違った生き方がしたいと思う気持ちがあるなら、いつでも変えていける。これが本当の自由。一人一人が進化する時代が訪れているんだ。一人一人のレベルで進化していけるんだよ。

問題は自分の成長に必要なことを教えてくれる。そのことを忘れないでほしい。

ベンツやタワマンやヴィトンのバッグが心から欲しい？
それがあったらしあわせになれる？
ベンツはあなたの問題を解決してくれないよ。

あなたの考えや価値観はOLDのまま凝り固まっていないだろうか。お金を湯水のごとく使えるほど稼げたらしあわせ、欲しいものが買えたらしあわせって思いこんでない？

この時代の変化は、あなたにとってのホントのゴールを見極める時期がきたってことだと僕は思ってる。いっしょに考えてみよう。

ベンツやタワーマンションやヴィトンのバッグがほんとに欲しい？

僕も社会人1年生の頃はスポーツカーで六本木をビューンって飛ばしてミシュランの三つ星レストランで食事して……なんてのが成功だって憧《あこが》れてたことがある。

でもね、物質的な喜びは一時的な満足感を与えてくれるかもしれないけど、決して長続きしない。新しくて魅力的な商品は毎日出てくるし、キリがない。そういうものを買っちゃダメって言いたいんじゃないよ。楽しみの一つとしてあってもいいと思うけど、そういうものを手に入れることが果たしてあなたが人生をかけて手に入れたいゴールなのかどうか。**ベンツもタワマンもヴィトンのバッグもあなたの問題を解決してくれないよ。夢も叶《かな》えてくれない。**逆に、ベンツ買ってマンション買ってお金がなくなっちゃたら、そういう生活を失うことが怖くなってもっとお金稼がなくちゃ、もっと働かなきゃってなる。それって本末転倒だよね。

今は、自分とトコトン顔を突き合わせてほんとうに欲しいものを見直すのに最適な時期だと思う。自分のしあわせは周りのモノでできあがるんじゃない。

「働き方」「教育」「お金の使い方」「政治」……何かが違うって思うことがある人にとっては、またとない機会がやってきてる。

社会全体も、これまでの売上げ至上主義のやり方が通用しなくなっていくと思うんだ。働く仲間をこき使って、環境を汚して、動物を苦しめて、要は命を削ってでも売上げが上がるほうが大事、それこそが成長だって考え方から、命や環境を尊重していくほうがビジネスそのものもうまく回っていくっていうふうに、地球レベルでシフトが起こっている。

そのきっかけが、僕は一人一人が個人レベルでNEWな考え方にシフトすることだと思う。一人一人のハートに従うことが重要な鍵。NEWな世界は心の時代なんだ。

「自分にとってのほんとうのしあわせって何だろう？」
「自分にとってほんとうに大切なものって何だろう？」
「自分にとってほんとうにやりたいことって何だろう？」
「自分にとって絶対やりたくないことって何だろう？」

「地球」とか「宇宙」とかそういう大きなところと結び付けて考えてなくても、まずはあなた個人のレベルで、ほんとうにどうしたいか考えてほしい。

もしあなたが「楽しく仕事したい」「仕事は16時で切り上げて海に行きたい」と思って行動に移したとするよね。その決断はすごい影響を周囲に与えるんだよ。自分一人が変わったところで、世界が変わるわけがないと思ったら大間違い。

バタフライエフェクトっていう自然現象を知ってるかな。ブラジルの蝶々《ちょうちょう》の羽のはばたきが、遠くアメリカのテキサスで嵐《あらし》を起こすほどの気象の変化を起こすという研究があるんだ。ほんの小さなエネルギーの変化が起こった場合と、起こらなかった場合、そのわずかな違いが未来に大きな変動をもたらす証拠と言われている。

あなたの「こんなふうに生きたい」っていうまっすぐで自然なエネルギーはどこに向かうか。新しい選択をした一人の小さなエネルギーが、家族、友達、同僚、近所、地域、国家という感じで、どんどん広がって巻き込んでいったら大きな協力体制や変化につながることもある。

OLDの時代の心の鎖《くさり》を外そう。
誰もが、自分の生き方は、自分で選べる。

CHAPTER – 2

僕らを縛りつける「鎖」は何か?

What are the “chains” that bind us?

今から話す「心とマインド」の話がほんとうだって理解できたら、人生はがらりと変わる。心はほんとうの自分とつながっているから、心は何がしあわせなのか、教えなくても知っているんだ。

ＮＥＷの世界は心の時代。じゃあ、ＯＬＤの世界は何の時代かというと、マインドの時代。この「心とマインド」っていう話が本気で大事。心とマインドの話がほんとのことだと理解できたら人生はガラッと変わるよ。

心ってどこにあると思う？　ハート、心臓に手を当ててみた人が多いんじゃないかな。「考えるところ」っていうより「感じるところ」と言ったらいいかな。

僕たちは生活していて「それ、ありえない。おかしい」と心の底からわかるときがある。たとえば、何の罪もない人がひどい目にあったりしてるのを見て「そりゃおかしいだろ」と感じたりする。

なんで「おかしい」と感じるかといえば、その行為に愛が足りないからなんだ。思いやりや優しさがないといってもいいかもしれない。
これは心が持っているユニークな特徴。
心は「愛」「優しさ」「思いやり」。こういう要素で出来上がっている。心のエネルギーはすごい。死にたいくらい辛いことがあったとき、美しい夕日を見ただけで涙が滝のように流れたとか、お金がなくてやっと買ったコンビニのおむすびがおいしくて、涙が流れたり、命を根っこからチアアップしてくれるような、人生を支えてくれるパワーが心にはある。

心は「ほんとうのしあわせが何か」を知っている。

心はほんとうの自分とつながってる。ほんとうの自分っていうのは、本心、真心、真実。ハイヤーセルフといったほうがわかりやすい人もいるかもしれない。だから心は、あなたがほんとうにやりたいことや、こうありたいという願いを知っているんだよ。もっというと、心は人がどうしたらしあわせになるか願うこともできる。だからこそ「世の中のおかしいこと」に気づくこともできる。つまり、心に従うっていうことは、自分自身も周りの人もしあわせにすることができる、人間として最高の方法なんだ。

マインドはサバイバル命。「生き残ること」が目的。なんでサバイブするかわかる？　怖いんだよ。僕たちは知らず知らずのうちにマインドに従って生きてることに気づいてほしい。

じゃあ「マインド」のほうは何なのか。マインドはどこにあるかっていうと、心がハートにあるとしたら頭の中って感じ。「感じる」というより脳みそを使って考えていること。「エゴ」ともいう。理性的な考えや思考だったり、「当たり前だと信じていること」や、自分が「常識」と思っていることだと捉えてみるとわかりやすいと思う。

僕らは「心」と「マインド」を両方持っているわけだけど、面白いことにその2つは性質的に正反対なんだ。ここがすごく大事な部分なんだけど、マインドは心と違って「何がほんとうのしあわせか」を知らない。「愛」とかもよくわかってなくて、恐怖や心配、不安や焦りっていうネガティブな考えがベースでできている。自分のサバイバル、「生き残ること」が一番の目的。

なんでそうなるかというと、**マインドは過去のデータをお手本にして未来をつくっているから。**

子どもの頃、お母さんに「宿題しなさい」って言われたことがある人は多いと思う。勉強好きな子はいいけど、勉強なんか嫌い、勉強したくないって子が遊びを続けてるとするよね。すると、お母さんは宿題をやらせるために「宿題しない子はいい子になれないよ」「宿題をやらないと大変なことになるぞ」「先生に嫌われるよ」「宿題やらなきゃおやつあげない」と脅される。宿題をやらないとほんとかウソかわからないけど悪いことが起こるらしい、怒ってるお母さんも怖い、だからやりたくないけど仕方なく宿題をやる。そんなふうに「怖いことが起こると嫌だから行動する」っていうのがマインドのベーシックな考え方。

僕たちは小さい頃から、両親、周りの人、学校の教育、テレビや雑誌の情報、社会のルールからいろんなことを学んで大人になる。それが知らず知らずのうちに自分の中の「当たり前」や「常識」というデータベースになっていく。それに沿って行動して現実をつくっているから、そこから外れるのは怖いんだよ。だからOLDにしがみつくんだ。

「会社がつらいから辞めたいけど、逃げ出したと思われるのが怖いからがまんする」「友達がいじめられているのを見て助けたいと思ったけど次は自分が標的にされたらいやだから見て見ぬふりした」とか。小さなことから大きなことまで、マインドはいつも恐怖や不安と戦ってる。マインドはサバイバル命。

僕はマインドが「自分が生き残ること」を最終目的にしてるって理解したら、いろいろなことに納得がいった。

僕たちは自分になかなか自信が持てなくて、自分が嫌いになったりする。「私には無理」「私は幸せな家庭をつくれない」「私は苦労する運命だ」「私はいつも失敗する」とか、頭の中でよく言っていないかな。

そう思う原因は、「学校でいい成績をとったことがない」「希望の学校や会社に入れなかった」「好きな人にこっぴどくフラれた」とか、過去のいろんな失敗や失望が脳のメモリに蓄積されて、自分は「できない人」「ダメ人間」と思いこんじゃうからなんだ。そんなふうに思ってたら、何かにチャレンジしたくても怖くてできなくって当然。自分へのダメ出し。自己否定。これらはすべてマインドの声。心の声じゃないってことに気づくとNEWへのシフトが楽になるよ。

原始的な脳が司る本能が
僕たちの人生を決めてしまってる。
そのことに気づいたら人生は変えていける。

僕たちは無意識のうちにマインドに従って生きてることがとても多い。

僕の人生を振り返っても、これまでの行動の数々がマインドに沿いまくりでびっくりだったよ。

この本を手にしてくれた人は、もっと自分の人生をよくしていきたい、しあわせになりたいと思ってる人がほとんどだと思う。これまでもしあわせになる方法をいろいろ探って勉強してきた人も多いと思う。僕自身もそうだった。かなりの時間をかけて「どうしたらしあわせになれるか」を勉強してきた。でも、ここぞというところで尻込みしちゃったり、マインドの考えを選んできた自分がいた。「恐怖」に負けちゃってたわけ。

なんで怖くなるのか。不安になるのか。

アメリカの脳進化学者ポール・D・マクリーン博士が提唱した**「3つの脳の進化」**という説がある。この説はまだ仮説なんだけど、僕はかなり的を射てると思ってて、人間の脳には爬虫類《はちゅうるい》の脳、哺乳類《ほにゅうるい》の脳、人間の脳と3層構造があると説いている。

爬虫類の脳は最も古い脳で、生命維持や自己防衛本能を発動してる。とにかく生存することが第一で、困難からは即逃げる。脳と脊髄《せきずい》をつなぐ脳幹にある。

爬虫類の脳は命を存続するために危険を察知するプロ中のプロ。何か危険が起きたら自動的に約2秒以内に体にストレスホルモンを流して一瞬で逃げられるように筋肉をパンパンにしてくれる。ご先祖様の爬虫類脳が危険から身を守ってくれたおかげで脈々と命がつながれてきたという点では爬虫類脳に大感謝なんだ。

僕らはこの爬虫類の脳のおかげで、道を歩いているときに急に自転車が飛び出してきても、とっさの判断で立ち止まることができる。

これが僕が呼んでいる「体の第一のサバイバル機能」。

でもよく考えると、自分の命の安全に関係ないことを「危ないこと」と脳がミスしていることがたくさんある。たとえば、上司やクライアントから電話を受けると、緊張や不安を感じてしまうなんてことがあるとする。冷静に考えると、これは自分のレベルアップの機会なんだけど、「危ない」と脳が勝手に判断しちゃってるんだ。

この爬虫類の脳の問題より、もっと重要なのが、次の「第2のサバイバル機能」。これは第2の脳と呼ばれる「哺乳類の脳」の機能で、僕たちは1人で生きるより家族や仲間やコミュニティと生きるほうが「生き残りやすい」という特徴がある。

哺乳類の脳が一番恐れていることは「コミュニティから追い出されて、一人で生きる」ということ。だから何があっても自分のステータスが下がるような行動を絶対に避ける。そしてコミュニティのメンバーから認められてステータスを上げることにエネルギーを使うんだ。心が「おかしい」と思うことでも、コミュニティのルールややり方を優先してしまう。

こうした原始的な脳の働きが、僕たちの行動をコントロールしてる部分が大きいってことをまずは知ってほしい。

会社を辞めたいのに辞めないでいるのも本能が影響してる。
一人でサバイブするのは大変。
群れにいれば食いっぱぐれることはない。
そういう「本能」とどう付き合っていくかが、現実を変える鍵。

哺乳類脳も爬虫類脳と同じでサバイバル命だ。**哺乳類はどうやって生き残ろうとするかというと、自分のステイタスを上げていこうとする。**なんでかっていうと、一人で生きることは大変だから。ライオンがやってきたとき、一人よりたくさん仲間がいたほうが勝ち目がある。群れとして生きたほうが生存率が絶対上がる。

だから、人は群れてコミュニティをつくって暮らすようになった。

じゃあ今度はどうすれば群れの中で自分が暮らしやすくなるかってところから、ステイタスという考えが生まれた。群れのリーダーとか、リーダーに近いポジションになれば、みんなを支配して自分の人生が楽になるだろうって。だから人間は「ピラミッド型のヒエラルキーのトップに登っていこう」と本能的にプログラミングされてる。

結局は哺乳類脳も爬虫類脳と同じで、生存することが最優先。ステイタスを上げたいのは、価値を高めて命を守りたいから。よりよく生きるっていう以前のこと。

オオカミの群れを想像するとよくわかる。10匹のオオカミの群れがあるとして、頂点はアルファドッグで、2番手がその奥さんのアルファドッグフィーメル、以下、3番手、4番手、5番手となるわけだけど。獲物を捕らえたら一番おいしいところはアルファドッグとその奥さんが食べる。その後、3〜4番手が順番に食べて、10番手にもなると骨しか残ってない。そんなのが続いたら腹ペコすぎて死んじゃう。だから、10番手のオオカミは9番手のスキを狙《ねら》って戦うの。それが隣同士の階層で行われてる。

独立すればいいって思うかもしれないけど、一人で獲物を捕まえるのは大変だし、野生で一匹で暮らす危険よりは、おこぼれのチャンスがある群れにいたほうが食いっぱぐれないから下っ端でも耐えられる。

これってサラリーマンがパワハラ社長にいじめられながらも会社を辞めない構図と似てると思わない？　自分では気づいていなくても、そういう本能としてプログラミングされている現象とどう付き合っていくかが、現実を変える鍵になる。

NEWの時代は
問題を恐れず、
逃げることなく、
問題から

「何を学べるのか？」に
シフトすることが
大事。

「ガイジンがいる」って視線が矢みたいに飛んできた。黒髪になりたくて頭にしょうゆぶっかけた。自分でいちゃだめなんだって思った。

僕は今大好きな仕事をすることができている。以前は大手企業と取引をするようなエリートを目指したときもあったけど、ライフコーチというほんとうに心から望む仕事にシフトできた。もちろんすんなりライフコーチになれたわけじゃぜんぜんない。遠回りしたなとも思ったときもあったけど、**今思えば子どもの頃からの経験すべてが必然で、無駄なことは一つもなく、自分にとってベストのタイミングでシフトしたんだ**って納得してる。

僕は1980年にカナダ人の父親とハーフの母親の間に生まれたクウォーターだ。You Tube の動画で関西弁がたまに出るのは神戸で育った父親の影響。

父親は海運業の2代目社長で、運転手付きの車が幼稚園のお迎えにくるような家庭で育った。僕には4つ下の弟がいる。僕自身は幼稚園から慶應幼稚舎に行って12歳でアメリカに移住するまで慶應ボーイ。こう書くとボンボンで恵まれてるって見えるだろう。確かに衣食住に困ったことはなかったし、学校だけじゃなくて塾とか習い事にもうんざりするほど通わせてもらった。でも、あいにく人生は僕に永続するやすらぎや充足を与えてくれたわけじゃなかった。

僕は見た目からしてみんなとは違った。幼稚舎に初めて登園した日のことは今でも思い出す。クラスに入ったときのみんなの視線が忘れられない。「ガイジンがいる」「自分たちとは違う人間だ」って視線が矢みたい飛んできて一瞬で固まった。

何かをする前から存在を否定されてしまった気分だった。

でも、じつは日本で「ガイジン」ってイジめられたりした具体的な記憶は思い出せないんだ。ただ、大人になって母親から聞いたことがある。

小学2年生くらいのとき僕はキッチンで泣いていたらしい。見ると頭にしょうゆがバーッてかかってたって。「クリス、どうしたの?」

「黒髪になりたい」と僕は泣いていたそう。

学校か塾で何か言われたのかもしれないね。

「そんなことしちゃダメ！」ってよく怒られたよ。「人と違うのはいけないこと」って脳に刻まれて自分を出すことが怖くなった。

幼稚舎に通う前からも、小学校に上がってからも僕は週に3〜4回塾に通ってた。僕は仕方なく行ってたけど、学校以外にもいろんな体験ができて子どもにとっては最高の環境だって親は信じてた。夏のサマースクールでは長野のスキー場を借りた運動会もあった。

運動会は家族も参加するんだけど、エンディングで選ばれた生徒が松明《たいまつ》を持ってゲレンデを滑走する恒例イベントがあった。僕は4年生のときに選ばれて生徒や保護者が見守る中をサーッと1回滑りながら「イエーーイ」ってはしゃいで楽しんじゃったら、待ち受けてた先生に首根っこつかまれて「クリス、何やってんだ！」ってすごい権幕で怒られた。それが結構ショックだった。

「ありのままの自分をみせちゃいけないんだ」と子ども心に思った。言いたいことがあっても言っちゃいけないかもと気にするようになった。

今はわかるよ。松明は火だからふさげたら危ないし、イベントの締めくくりの静粛な時間にお父さんやお母さんに子どもの成長を改めて感じてもらいたいという先生たちの気持ちも。勝手なことをする子がいると、保護者からちゃんと教育できてないいんじゃないかって見られるのを先生は気にしたと思うんだ。

僕は本来、感情を素直に表現する子どもだったんだと思う。だから、この出来事以外にも大人から怒られたことは何度もあった。そのたびに怖くて、人と違うことはダメだって繰り返し脳にザクザク刻まれた。自分を出すことが怖くなっていったんだ。

後に、自分がＡＤＤ（注意欠陥障害）だってわかって、僕の振る舞いは人よりいろいろなことに反応しやすい影響もあったのかもしれないと思ったけど、今でもありのままの自分を出すことに不安がよぎる。

「ちょっと出しすぎたかな。怒られる。嫌われるかも」って。

「3代目の社長はお前だ」と子どもの頃から父親に言われてた。「ちゃんとしなきゃ」「お父さんに認められなくちゃ」っていつもどこかで葛藤《かっとう》してた。それって今思えば呪《のろ》いの言葉。

僕は父親の後を継いで経営者になるはずだった。父親の会社は1904年にスタートして海運業ではけっこう有名な会社だった。小学生の頃たまに父親に連れられて事務所に行くと「未来の社長。3代目だよ」とか言われて、内心「エッ?」ってなった。その一言はかなり効いたな。長きにわたるボディーブローって感じで、僕の人生にしばらく響いたんだ。「イヤだ」「勝手に決めないでほしい」とまったく言えなかった。

すでにNOが言えない自分になってたんだと思う。

走るべきレールが引かれてて、「ちゃんとしなきゃ」「お父さんの期待に応えなきゃ」「認められなくちゃ」と思うようになった。「ちゃんとした生き方」というモデルがマインドセットされた感じ。父親に悪気はないんだよね。

でも、子どもは無意識に親に認めてもらいたくて、期待に応えようとする。

みんなもそういう経験があるはず。「いい学校に入らないといけない」「大企業に勤めている人と結婚しないといけない」とか。そんなふうに言われて頭ん中にその言葉がずっと残ってるなんて経験ないかな。**そういうのは全部「呪いの言葉」だよ。**

マインドを構築するのには十分で、その通りに僕たちは生きようとしてしまう。

そんなクリス少年にも、体中のエナジーが生き生きダンスするような楽しい出来事があった。5年生になって演劇クラブに入ったんだけど、僕は演技することが好きだって気づいたんだ。

年1回の発表会の舞台「カエルの王様」では主役のカエルの王様を演じた。演技の楽しさに目覚めた僕は両親にプロの劇団に入れてほしいと頼んだ。自分から何かをやりたいっていったのは初めてだったな。

それがいい感じにテレビとかに出始めてレギュラーになったりして、毎日がワクワク楽しくなってきた矢先、ある日「劇団もテレビの仕事もやっちゃダメ」って母親に言われた。理由はわからない。

僕はまた、周りの大人の言う「正しい生活」に引き戻された。

日本では「ガイジン」、アメリカでは「ジャップ」。自分は一体ナニモノなんだ？

12歳のとき、両親が離婚して僕と弟は母親と一緒にアメリカに引っ越した。

それまでアメリカになんて行ったことなかったし、僕も弟も英語がしゃべれなかったから、どんな生活になるのかまったく想像がつかなかった。

僕たち兄弟は見た目は外国人なのに日本語で育った。両親とも英語がネイティブで日本語は片言なのに。当時、塾の先生に「日本で暮らすなら、小さいときから日本語だけにしないと発音がおかしくなる」って言われたらしい。

僕はアメリカに渡って、コネチカット州のグリニッジというところにある私立のエリート校に通うことになった。父ブッシュ大統領も通った学校だ。ニューヨークの中心から電車で50分くらいのところにある。ウォールストリートで働いてるようなバンカーとかが自宅を構えるリッチな町で、ジャケットにネクタイを締めて登校した。**入ってすぐ、よそものだってバレた。**金髪でアメリカ人みたいな顔してるのに英語がヘタクソだから。どうやら日本人らしいってことで、いじめっ子に廊下ですれ違うときに「ジャップ」って言われた。授業でパールハーバーとヒロシマの歴史を学んだときなんかは「ファッキン・ジャップ！」ってどつかれたよ。**日本では「ガイジン」って視線を向けられてたのに、こっちきたらジャップ。混乱したよ。自分は一体何者なんだって。「僕は僕だ」ってことに当時はまだ気づいてなかったんだ。**

いじめっ子ばかりじゃなく、すごく優しい友達もいた。中国人の男の子だった。1年目も2年目も彼はほんとによくしてくれて仲良くなった。でも3年目に僕は彼にひどいことをしたんだ。僕は彼を捨てたの。

なぜかというと、彼はルーザー（＝負け組）だったから。彼といっしょにいると僕もルーザーだと思われる。そう思われたくなかったから大事な友達を捨てた。そうやって自分のステイタスを上げようとしたんだ。

ひどいよね。僕をジャップって呼んでたような子たちがクールに見えて、そっちに仲間入りしたかった。今でもすごい後悔してる。

今いる場所でうまくいかないなら、思い切って環境を変えてみたらいい。

高校はプレップスクールっていう、日本でいう東大や京大レベルの大学にたくさん受かるような進学校に行ったんだ。その学校は寄宿舎で、カナダと国境を接してるアメリカ北東部のバーモント州にあった。

そこで僕に反抗期が訪れた。**「一体僕は何やってるんだ」**って思い始めちゃったんだよね。僕は物心ついてからずっと受験戦争やってきた。幼稚園入る前から塾行って、幼稚園入ってからは小学校に行くために塾行って、小学校受かったら中学のために塾行って。慶應は内部進学が多いけど成績悪いと上がれないと言われてたから、それが恐怖で毎日勉強だった。

アメリカにきても親の決めたレールのまま進学校の中学、高校。次は大学。その先は会社？　いつまでこれやるの？　60歳とかで引退したらやっと自由になれるってこと？

世の中おかしい。寝ても覚めても考えだしちゃって。地球環境のことにも興味を持ち始めた。人間は地球を壊すばっかりだし、筋が通ってない大人ばかりだ、そんな大人になりたくない。そう思うようになった。

それまでの人生ずっと勉強勉強でもっと上、もっと上って突っ走ってきたこと、これからもそうしていかなきゃいけないことに吐き気がしたんだ。

それでこの学校はもう無理だって親に相談した。ちょうど母親がグリニッジからマンハッタンに引っ越した直後だったのもあって、高3になるときニューヨークのＡＨＤ専門の特別支援学校に転校したんだ。

それが僕にとっては大正解だった。ニューヨークの高校は天国だったよ。先生は一人一人を尊重してくれる感じだし、勉強も僕が結構できる部類に入っちゃったりして。「クリスはまじめにやってるね」と先生に初めて褒められた。

今いる環境がしっくりこなかったら、思い切って環境をガラリと変えることで解決することもあるんだってことを覚えておいてほしい。

1日8時間働くのが当たり前みたいだけど、その根拠は何？今は、あらゆるテクノロジーが成熟して、人口減少に向かう社会。働き方も多様化してるのに、同じやり方なんておかしくないかな？

クリスの物語はお休みして、ちょっと考えてみよう。

僕はだんだん気づいていったんだ。みんな自分がそれぞれ育った環境で「当たり前」ができて、それが正しいと思ってるということ。みんなその「当たり前」にかなり縛られてサバイバルしてるってことに気づいてないんだ。

僕たちが「当たり前」と思っているものは、自分が生まれるずっと前の人たちが作ったものだったりするけど、**その「当たり前」は変更される可能性が高いし、自ら変えるほうを選ぶこともできる。**

歴史を振り返れば、「当たり前」だったことも100年くらいで変わってる。江戸幕府のときは全国に関所があって通行手形がないと隣の国に行けなかったけど、明治時代になったら廃止されたでしょ。

　僕たちの中では「学校を卒業して会社員になる」「１日８時間働く」っていうのが当たり前な考え方になってるけど、そもそも「１日８時間労働」は１９１９年に国際的な労働基準として定められたもので、戦後、昭和初期の高度成長期のバブリーな時代から、ずっと続いている考え方なんだよね。

　じゃあどんな根拠があって１日８時間労働になったかっていえば、18〜19世紀にイギリスで産業革命が起こったとき「労働時間が長ければ長いほど生産性が上がる」と考えられてたから、労働時間がみんな１日14時間〜18時間にもなった。超ブラックだよ。さすがにそれは悲惨だとなって産業革命後イギリスでは「月〜金曜日までの労働時間は１日最大10時間」になった。

　アメリカでは、１８６０年代に労働者のストライキが勃発《ぼっぱつ》した。そのスローガンは、「８時間は仕事、８時間は休息、８時間は好きなことのため」。こういう流れが１日８時間労働につながってる。８時間労働が生産性によい影響があるとか、アイディアが浮かびやすいとか、そんな理由じゃない。**社会的背景によって労働時間が短縮されてきた結果の、たまたま「8時間」なんだ。**

アメリカでは１９２０年代にヘンリー・フォードがベルトコンベアーを使った流れ作業を工場に導入して、過去に例のない自動車の大量生産を実現した。それまで車は高価で特別なものだったんだけど、フォードのおかげで庶民にも手が届くレベルになった。

彼は自動車王と呼ばれて資本主義の寵児《ちょうじ》にもなったわけだけど、ベルトコンベアー方式にしてから仕事は細分化されて、どんどん流れ作業する大量生産の時代に突入した。機械だから24時間働けちゃうんだよ。

この時代までの考え方って、いわゆる「時は金なり」の概念。何時間働けばいくらもらえる。拘束が長いほど稼げる世界。**今は、あらゆるテクノロジーが発展・成熟して、人口減少に向かう社会でしょ。働き方も多様化してるのに同じやり方っておかしいと思わない？**

「8時間どころじゃないよ、もっと働いてるし残業代も出ない」って声が聞こえてきそうだけど、そういう会社だったら考え直したほうがいいよ、本気で。

世界を見渡すと、8時間が当たり前どころか非常識になってきているんだ。

たとえば、スウェーデンは国の調査で1日6時間労働のほうが健康上のリスクが減って生産性が上がるとはっきり結果が出て、6時間勤務の会社が増えてるそうだ。
ノルウェーはコロナ以前からリモートワークが8割がた普及していて、働く場所も時間も仕事内容も個人がそれぞれ選択する方式。日本人だと「そんなワガママ許されるの？」って思っちゃうよね。でもそれが彼らの当たり前。
しかもノルウェーはＯＥＣＤ加盟36か国の中で２０１０年以降、生産性ランキングトップ5の常連。日本は近年ずっと20位以下だよ。オランダは週休3日だし、ドイツ人は勤勉でまじめで日本人と気質が似てるっていわれることがあるけど、働きすぎは評価されない。

人生の大事な時間を何に使うか。

そのためには、自分が何を大切に生きていきたいか、見つめ直す必要があるんだ。

僕たちが「当たり前」と
思っているものは、
歴史を振り返れば１００年くらいで変わる。

今、この瞬間に
自ら変えるほうを選ぶこともできる。

自分の「当たり前」が破られると人は怒る。恐怖心が湧いてくる。自分の「当たり前」を一枚一枚どんどん剥がしていこう。ほんとの自分、ほんとのビジョン、ほんとのパッションはそこから見えてくる。

1日8時間働くことのほかに、日本が他の国と違って独特なのは**「努力することは偉い」**っていう考えが根強いことだと思う。会社のために努力する姿勢を見せる。だから早く帰っちゃダメという思考パターン。

徐々に変わってきてるとは思うけど、会社員の人で就業時間きっかりに「失礼します！」って帰れる人はまだ少数派じゃないかな。罪悪感を覚える人のほうがずっと多いと思うんだ。社内の無言の圧力に屈してしまう。ブラック企業やグレー企業だとなおさら「一人前に仕事ができないくせに、先輩より早く帰るなんてふざけてる」とか言われて。日本人は空気を敏感に読んじゃう。まさにこれって「自分のステータスを下げたくない」という本能だよね。

今の日本の社会の抱えてる問題は、世代間ギャップという名の溝がある。

1970年代の日本の男性に「残業したい？」って聞いたら、たぶん60〜80％の人はうなずくと思うんだ。なぜかと言うと、作ったら売れる時代だったから。たくさん作ってたくさん売って、それにやりがいを感じていたと思う。戦後日本が復興して経済大国と言われるようになった背景には、そういうお父さんたちの頑張りがあったからだ。

1987年当時の株式時価総額の世界トップ企業50社の中に日本の会社は33社も入ってた。でも、いまやトヨタ自動車だけ。高度成長期はやった分だけお金も入ってくる。ボーナスも出る。戦後の何もない時代から、家電や家や車を買ったり、子どもをいい学校に入れて……って頑張ってきた。それがしあわせの形で、この本を読んでくれている人たちは、そういう親に育ててもらった人も多いと思う。だから、良くも悪くもマインドにそのエッセンスがしっかり注入されてる。

でも、その世代の「当たり前」に反発したら、どうなるか？

縦割り社会の中で先輩や上司に反発するのは恐怖だと思う。お給料のために我慢して耐えるか、思い切って辞めちゃうかって考えるよね。

僕は、上の世代と意見が合わなくて敵対しても何も生まれないと思う。

自分の「当たり前」が破られると人は怒るんだよ。これまでそれが「当たり前だったのに」って。その人たちの立場に立つと、今までそれでうまくいっていたのに、変化することが恐怖になる。自分が損することが起きたら嫌だから、マインドが邪魔をするんだ。

時代の変化を上の世代の人たちがすんなり理解してくれたらうれしいけど、ＯＬＤの時代のお父さん世代の頑張りに感謝しながら、ほんとうの自分を救ってあげることにフォーカスしてみよう。

僕らの「心」＝ほんとうの自分は「当たり前」の渦に埋もれて苦しんでいる。悲鳴を上げてるよ。そこからひっぱりあげてあげよう。

自分が変化するほうが、周りを変えようとするよりずっと早く楽になれる。

一個のオニオンをイメージしてみてほしい。玉ねぎって薄皮が何重にもミルフィーユみたいになってるでしょ。その一枚一枚があなたのマインド。「当たり前」って思ってること、恐怖、不安、心配、怒りだとかネガティブなもので構成されてるの。

その薄皮を一枚一枚剥《む》いていくとね、真ん中に「ジュール」って僕は呼んでるんだけど、「光」があるんだ。それがあなたの「心」。真心。真実。優しい気持ち。思いやり。それこそが、ほんとのあなた。誰の心の中にも優しい愛に満ちた人がいる。そこにつながると、ほんとのビジョン、ほんとのパッションが出てくるんだよ。

「心」にアクセスするためには、マインドの薄皮を根気よく剥がしていくほかない。

マインドは頑固者だから、「ほんとうの自分に出会えた！」って思ったもののニセモノだったなんて場合もあるかもしれない。でも大丈夫。そういうもの。

恐怖や心配、「当たり前」と思ってきた思考を一気に手放すことは、誰一人として簡単にはできない。じょじょにゆっくりやっていけばいい。

僕だって、迷いながらジグザクに進んできた。たくさん立ち止まったし、今でも薄皮を剥いている途中だ。

今、ここで理解してほしいのは、あなたはほんとうの自分に出会えるし、ほんとうのビジョンも手にできるし、もっと自由になれるということ。

そのためにマインドの薄皮を剥がしていこう。

僕の場合は恐怖と向き合うことに鍵があった。
恐怖とちゃんと向き合うと、
それは怖いことではないと理解できる。

みんなしあわせになるために、自分のビジョンを知りたい、ミッションを知りたいって思ってる。「どうしたらしあわせになれるか」を考える。

でも、**頭で考えると大体ニセモノのビジョンやミッションが出てくる。**たとえば、「会社を立ち上げて数十億円の売上げを上げて、ハワイに別荘を持って……」みたいな。もしくは、「結婚して子どもは2人で温かい家庭をもつこと」とか。

そういう目標や目的が悪いと言ってるわけじゃない。どういう希望を持っていてもOKなんだけど、一つ気を付けてほしいのは、「お金があればしあわせ」「結婚したらしあわせ」「子どもがいたらしあわせ」と思ってないかってこと。

条件付きのしあわせになってないかどうか。それを失うと想像したらどう？　怖くない？　しあわせになれないかもって思わない？

条件が付いていたり、失うのが怖いという気持ちが隠されている目標や目的は、マインドがつくりあげたものだ。あなたの真実、心の声じゃない。

自分の心と向き合う経験が初めての人は、ちょっと難しく思うかもしれないけど、僕たちは目標や目的を設定してそれをクリアすることをよしとして子どもの頃から教育されてきている。「できたらいい子」「できなかったら悪い子」ってね。だから、何かを手に入れることを目標や目的にしがちだ。自分が「目標」「目的」と思っていることはマインドが作り上げたニセモノの望みかもしれないってことを、まず頭に留めてほしい。

自分の本心、真実を知るためにはどうするかっていうと、恐怖と向き合うこと。僕の場合はそこに鍵があった。とても本質的なことだから、多くの人にきっと効果があると思う。僕は恐怖とちゃんと向き合ったことで、「それは怖いことではない」とだんだん理解できた。

恐怖を失くそうって焦らないでね。これはずっと続くもの。恐怖を「失くす」のではなく、どう付き合っていくかが大事なんだ。

自分は何を大切にして生きていきたいのか。

本気で見つめ直す必要があるよ。

Let's try!

WORK

「ここを変えたい」トップ3を挙げる

Point 1

これから3か月の間に「ここを変えたい」トップ3を挙げる（ノートに書き出す）。

Point 2

あとは何もしない。

自分がしあわせになるための目的や目標はもっとずっと先でいい。まずは、これからの3か月の間に何を変えたいか、トップ3を挙げてみてほしい。

大きな目標を挙げてほしいんじゃない。**頭で考えちゃダメ。**

これはすぐ目の前にあることに目を向けてみて、自分と向き合うレッスンだ。

「今、自分の身の回りで気にいらないことは何だろう？」「ストレスになってることはある？」と考えるといいと思うよ。「換気扇の油汚れが気になってる」「子どものテストの点数が悪い」「仕事が終わっても帰りにくい」とか、目標というには小さいかもしれないけどストレスになってること、変わったらスッキリするだろうなって思うことでOK。

こういう小さい目の前のことを変えていくと、人生の目的とかミッションとか、そういう大きなことを段階的に考えられるようになってくる。

トップ3を挙げたら、3か月の間どうするか。

何もしなくてもいい。

むしろ、どうにかしようとしないでほしい。

Let's try!
WORK

「僕はこれが気になってるんだな」

「私はこれを変えたいって思ってるんだね」


こうして意識に上げることができたら、とりあえずOKなんだ。

面白いもので、自分の気持ちに気づくと、自然と状況が変わるってこともある。

ノートに書いて明らかにすることで怖さや不安が減って、いいアイディアが浮かんだり、さっと行動に移せたりすることが起こりやすくなる。

まずはこんな簡単なワークから試してみてほしい。

問題が起こるのはそれが正しい道であり、
チャンスの証拠。
歩いたことのない道を進もうとすると
必ず嵐はやってくる。

みんな不安や恐怖なんてないほうがいいと思ってるはず。**でも、不安や恐怖がなくなることって残念ながらないんだ。**だから、不安や恐怖とあなたがどう付き合っていくかが鍵となる。

あなたは飛行機のパイロットで、羽田空港から目的地のロサンゼルスに向かって飛んでいくとする。途中で嵐が来たり、ほかの飛行機が向かってきて避けなきゃいけなかったり、風に飛ばされて自分がどこにいるかわからなくなったらどうする？

もし、そういうことがあっても、目的地のロサンゼルスがあなたにとってほんとのビジョンなら、絶対到着できる。

人生には、必ずチャレンジがやってくる。進んでいくと「何か違うな」「変だな」

「怖いな」という嫌なことが起こる。でも、どんなに大変だとしても、自分のほんとうのビジョンがわかっていれば、それを見ていればいい。**今の僕は、問題が起こる道こそが正しい道なんだって思うようになった。ほんとうはチャンスなんだよ。**

ビジョンがわからない。目的地がロサンゼルスなのかニューヨークなのかわからないから困ってるという人もいるよね。それでも大丈夫。わかってる人のほうが少ないから。みんな不安や怖い気持ちを乗り越えながら「私の人生はここに向かってるのかも」「これがビジョンかもしれない」と気づいていく場合が多いんだ。

でも、「今の環境から抜け出すぞ」「目標に向かっていくぞ」「飛んでいくぞ」っていうとき、ＯＬＤの生き方しか知らない自分は下手すると飛行機のエンジンを自分で壊しちゃったり、燃料を自ら捨てるような自爆行為をする。

ロスに飛んでいきたいのに、Ｕターンして羽田に戻っちゃったり、不安や恐怖、うまくいかないことへの焦りや恐れが邪魔してアクセルを思いきり踏めない。そうなったらロスに行けないよね。この世は思っていたことが現実になるとき、行動が必要になってくる。でも不安や恐怖があると、その行動がとれないんだ。

ということは、**不安や恐怖と向き合うことは人生に欠かせない**ってこと。

Let's try!

WORK

恐怖リストをつくってみよう

Point 1
「怖いこと」「不安なこと」を書き出す。

Point 2
その中のトップ3に○をつける。

Point 3
3か月ごとにトップ3を見返す。

Let's try!
WORK

このワークでは、あらかじめ、自分はどんなことが怖いのか、何が不安なのか「恐怖リスト」をまず作る。

自分は何を怖がっているのか。

「お金がなくなるのが怖いから動けない」

「お金が足りないから動けない」

「失敗したらみっともないから動けない」

「上司に怖くて言えない。嫌われたくないから」

いろいろ出てくると思う。どんどんノートに書き出してみてほしい。

次に、その中で「トップ3」に○をつけよう。

もっと深くこのワークをやりたい人は、「こういう自分になるのはやめよう」というリストを追加してみて。深刻なことじゃなくて、「ちょっと変えたらいいな」って思うこと。たとえば「19時以降の残業はやめよう」「金曜日は定時で帰ろう」「愚痴は1日1回までにしよう」「自分は悪くないのにすぐに謝るのはやめよう」「自分を否定する言葉を言うのはやめよう」とか。

この恐怖リストができたら、けっこう前進するよ。あなたの心のジュール、光、本質とつながるベースになってくれるんだ。

トップ3に○をつけたら、3か月ごとにリストを見返してみてほしい。3か月おきに見直すと、怖かったことがもう怖くない、心配も今では心配じゃないって思えるものが増えてくる。「これ怖いと思ってたけど、ぜんぜん大丈夫になった」と気づいたときはすごくうれしいよ。

ここで一つ注意。

「がんばって怖いのを直さなきゃ」と思わないでね。

日本人は「がんばる」「努力する」が得意な人が多い。努力するなって言ってるんじゃないよ。努力が必要なときも人生にはある。それは事実だけど、不安や恐怖とうまく付き合うために必要なのは努力じゃないんだ。

こう考えてみて。

あなたのベストフレンドが不安そうに背中を丸めてシクシク泣いてるとするよね。

その姿を見て君は何て言ってあげる？

Let's try!
WORK

「もっとがんばんなきゃダメだよ」
「努力すればなんとかなるだろ」

こんなふうには言えないよね。

「どうしたの？」「大丈夫？」「何かあったの？」って優しく聞いてあげようとするはず。**自分の不安や恐怖に対しても、そうして接してあげてほしい。**

ノートに書き出すと、そういう気持ちが自分の中にあるんだってことがよくわかる。その気持ちを認めることが大事。「こう思っているんだね」と寄り添ってあげることが認めたことになる。すごくほっとするよ。

みんな不安や恐怖をたくさん持ってる。

書き出して認知するのがこのワークの重要なポイントだ。

CHAPTER－3

自分にウソをつくのは、もういい加減やめよう！

It's time to stop lying to yourself!

日本に帰って仕事がつまらなすぎて
ふたたび劇団の門を叩いた。
結局それがYouTubeにつながった。
好きなことは道をつくる。

2001年にアメリカで同時多発テロが起こった頃、僕は『トラッカー——インディアンの聖なるサバイバル術』を書いたトム・ブラウン・ジュニアさんのスクールで学んだりしながらボランティアをしたり、ワシントン州にある彼のお弟子さんの学校に通いながら旅をしていた。

旅から戻ると、ケイマン諸島でビジネスしていた父親の海運事業の手伝いをしながら、夜はコミュニティカレッジに通っていた。「次期社長」の下準備として、シンガポールに6週間研修に行ったりしたんだけど、1ミリもその仕事にやる気が出ない。というか、まるで興味が持てないんだ。

その後、ニューヨークとかケイマン諸島で取った単位を使って日本に帰国してテンプル大学に通うわけなんだけど、日本に戻ったら、もう1回役者にチャレンジしようと思った。

プロの劇団にもう一度行ってみた。

毎週レッスン受けて、「エキストラでも何でもいいからやらせてください。僕は日本語も英語もできるから、何でもやります」ってお願いしたけど、まったく仕事の依頼がない。しびれを切らしてマネージャーのところに行ったら「何も営業してない」って言うんだ。「わかりました。退団します」と、その場で辞めた。

「だったら自分でやる」。それがYouTubeを始めたきっかけ。

自分一人で監督、撮影、編集をこなし、自ら役者を演じて、自分でネタ作りからプロデュースまで。２００８年に日本にYouTubeが入ってきてすぐの頃だった。

でも面白いよね。子どもの頃、演技の楽しさに目覚めた経験がなかったら、YouTubeやろうなんて思わなかったかもしれない。僕の中で、子どもの頃の劇団での活動、演劇部の経験はかなり楽しくてスペシャルな記憶だった。

心の底から楽しくてうれしいって思える経験は、自分の命を支えてくれてるんだと思う。純粋に好きなものは道をつくる。

最初の頃のYouTubeチャンネルは、英語教材の比較だったり、なぜ日本人は英語をしゃべれないのかっていう英語の勉強のチャンネルだった。そのうち、外国人向けに日本の面白い場所を紹介する動画を始めた。ラーメン屋さんとか鎌倉のお寺とか。そしたら人気が出て登録者数が2万人ぐらいになったんだ。

その頃いい仲間と出会って、新宿の歌舞伎町に映画の看板だとかを作るスタジオを貸してもらえた。クレーンがあったり、壁がペンキで塗られてたり、とにかくセットがかっこよくて、そこを拠点にして活動するようになった。

そこで著名なクリエイターのKさんに出会った。Kさんは先進的なショップや学校をオーガナイズした人物。彼のクリエイティヴィティにすごく惹《ひ》かれたな。アンチ・マスメディア、大手企業反対って人なんだけど、ちゃんとビジョンがあって、それをしっかり実現してる。

ある日、スタジオでKさんに会ったとき**「いいね。クリスは道を開くよ」**って言ってくれた。一度、Kさんに一緒に何かやらないかって誘われたこともあった。

ただそのとき僕は「大手企業と仕事がしたいから」と断った。

彼は「なんで？　ほんとにそうしたいの？」って聞いてきたけど、僕は「ほんとにしたいです」って答えた。

なぜかというと、大手企業と仕事をしないと認められないって本気で思ってたから。

大手と取引してちゃんとしなくちゃ本当の成功はできないと本気で思ってた。

そうしたら、大手企業のYouTubeチャンネルをプロデュースしたい会社が現れたので、手を組むことにした。ちょうど歌舞伎町のスタジオも建て替えで出て行かなくちゃいけない時期だったし。それが俗にいうグレー企業で、僕は何も気づかず喜んでダークサイドに足を踏み入れていったんだ。

ブラック企業のマインドを全身で吸収してた。全部がモノクロの色のない世界。死にたいって初めて思った。今の僕にしてみたら笑っちゃうけど、でも当時は恐怖こそがリアルな世界だったんだ。

その会社は大手企業用のチャンネルプロデュースをしたいと言ってきた。僕は、日本を海外に紹介する番組を担当した。都道府県やお店をスポンサーにするビジネスモデル。いい感じで受け止めくれてたんだけど、その会社にはクセがあった。女性の社長とナンバー2のパワハラがひどいわけ。すぐ怒鳴る。机をバンバン叩いて、会議と称して人を呼びつけて大声で説教したり。

僕は大手企業のYouTube動画を作りたい思いで参加したんだけど、売上げがどうこうより、**その人たちに認められたい気持ちが強くなった。**認められるためにどうしていたかというと、必ず朝一番の7時半までに事務所に行く。夜は一番最後に事務所を出る。別に上司に言われてもないのに、土曜や日曜も率先して出勤して仕事する。

そういう毎日だった。ふだん95％は怒ってばっかりの社長なんだけど、5％だけ天使みたいに優しかったり褒めてくれるんだよね。典型的なグレー企業のマネジメント。弱い人を手なずける手法だよ。それにまんまとハマってたんだ。

苦しかった。一人になるとうつっぽくなって。バイク通勤してたんだけど、明るい朝でも景色が全部モノクロに見えた。生きていたくないって初めて思った。

ある日、「こういう思いをしてる人が世の中いっぱいいるのか。こんな辛い思いはさせたくない。そうだ。僕がまず抜け出して世の中を変えなくっちゃ」と思った。そして、辞めると決めた。土日に荷物を片付けて、月曜の朝、身ひとつで社長のところに行って「すみません、辞めます。ありがとうございました」と逃げた。

「おい、戻ってこい、給料返せ！」と電話がじゃんじゃんかかってきた。父親の会社にもね。しばらく電話恐怖症になったよ。

自分を守るために必死に逃げた。怖くてたまらなかったよ。**おかげでブラック企業のマインドを全身に浴びて、それがどんなに辛いか、そういった境遇の人の気持ちがリアルにわかるようになった。**今の僕にしてみたら笑い話だけど、でも当時は恐怖こそが僕のリアルな世界だったんだ。

やりたくないことをして
ウソをついて生きていたら、
ずっと自分にウソをついている
ことになる。

ウソをつかずに生きる。
それこそ究極の
ウォーリアーシップ。
愛の戦士だよ。

ライフコーチになりたいって夢があったけど、周りに反対されて諦《あきら》めてた。女の子と話すのは自信があったから、恋愛コーチの道を選んだ。でも、これがやりたいことじゃない。あれ、ローンチしたら、僕の人生終わってたな。

都内を歩いていて辞めた会社の人に見つかったら怖いし、嫌がらせの電話もきてたから、当時付き合ってた千葉の彼女の家にしばらく身を潜めてた。

当時、すでにライフコーチになりたい気持ちはあって、時々周りの人には話してたけど、そのたびに父親やその周りの人が「そんなバカ言うな」「食っていけるわけがない」って、**けちょんけちょんに言われて、風船がしぼむみたいに自信を失ってた。**

ライフコーチが難しければ、恋愛コーチならいいかと思って、何か月もかけて自分でメンバーシップサイトを作り上げたんだ。ビデオも30本くらい撮った。

なんで恋愛系にしたかっていうと、その当時の僕が人生に苦労している人を助けられるとしたら、「女の子と話す自信のつけ方」みたいな話なら教えられると思ったわけ。

なんてチャラい発想って思うかもしれないけど、男にしてみたら女の子と話せるかって人生の一大事なのよ。悩んでる男性はたくさんいる。僕も若い頃そうだった。だから、経験を語ることができるし需要があるって思った。

本当に我ながらよくできたセールスビデオだった。あとはローンチするだけってとこまでいった。でも、できなかった。

「これをローンチしたら、僕の人生終わるな」

そう思った。自分がほんとうにやりたいことではない。絶対に違うと思った。

やっぱり僕のやりたいことはライフコーチだ。

恋愛コーチとしてデビューしちゃダメだ。

そうこうしているうちに彼女とも別れちゃって、東京に戻った。

5年後に仕事を変えるより
今変えたほうが
5年分も自分の理想に近づける。

僕はしばらく気楽に働きたいと思って、表参道のレストランでウエイターになったんだけど、仕事中にお客さんの経営者からスカウトされて、あるジムのマネージャーとして働くことになった。

やっぱり、僕はそこでも認められたい思いから朝から晩まで働きづめだった。仕事は嫌いじゃないものの、自分の成長が止まっているように感じて仕方がなかった。

長めの春休みをもらって久しぶりにニューヨークに行ったとき、いろんな人にアドバイスをもらった中で、ブライアン・トレイシーというアメリカの有名なスピーカー（講演家）のこういう言葉を教えてくれた人がいた。

「人生の無駄な時間の使い方は、2つある。1つは自分と合っていない仕事。もう1つは自分に合ってない人とお付き合いすることだ」


そのとき、「ちょっと待てよ、クリス！」って心が叫んだ。

今の仕事を辞めてライフコーチをやろうとしたら5年後どうなる？

辞めない限り仕事は続く。今、仕事を変えたら最初の数年は辛いかもしれないけど、5年後は自分の行きたかった場所に行けるから、これはスタートなんだ。

5年なんてあっという間だ。

5年後に仕事を変えるよりは、今変えたほうが5年分も自分の理想に近づける。

今の仕事を辞める。そう決めた。

自分のブリーフシステムは何なのか。
もしサバイバルなブリーフシステムを持ってたら、
「もうけっこうです。おなかいっぱいです」と
言ってサヨナラしよう。

断ることが苦手な人は多い。「嫌われるんじゃないか」「怒られるんじゃないか」「仕事がなくなるんじゃないか」「無責任って言われるんじゃないか」とかいろいろ考える。そうなったら不安だし、怖いんだよね。まさに自分のステータスを下げたくない、「危ないぞ！」とサバイバルシステムが発動している状態だ。

でも、断るのは一瞬。断らなかったら嫌なことがずっと続くんだよ。

こういう「断ったら悪いことが起こる」と考えてしまう脳の働きは、**ブリーフシステム**という。ブリーフは英語で「belief」、つまり日本語で「信念」のこと。

ブリーフシステムは2種類あって、1つは自分が持っているブリーフシステム。もう1つは、社会に浸透しているブリーフシステム。その2つに気づいて新しいブリー

フに変えていけると、ダイナミックに現実を変えるパワーになる。

個人のブリーフシステムの他の例を挙げると、「私は人づきあいが苦手」「私はもっときれいにならないとしあわせになれない」「自分には才能がないからできない」「自分には経験がないから無理だ」「もう若くないから今さら始められない」とか。

58ページでオニオンの薄皮を剝《む》くワークを紹介したけど、オニオンの薄皮は常識とか恐怖とか心配、不安などのネガティブな感情で、それを一枚一枚剝いていくとほんとうの自分、ほんとうのあなたのビジョンに出会えるっていう大事なお話。

ブリーフシステムは、反対にその薄皮をどんどん増やして厚くするイメージだ。ブリーフシステムがあることでマインドが強化されればされるほど、あなたはサバイバルパターン、つまり戦って生きるスタンスになるし、自分に限界をつくってしまう。

たとえば、学校のテストの成績が悪かったり、受験に失敗したとき、先生に「おまえは努力が足りない」と言われたとする。すると、努力しないと悪いことが起きるようなブリーフシステムができあがる。するとどうなるか。何かトラブルや問題が起きたとき、努力だけで解決できると思ってしまうようになる。

また、そのブリーフシステムは、過去にあなたが誰かから聞いた「ある考え」などけで、「事実」じゃないかもしれない。昔、恥ずかしい思いをしたことで、それを受け入れてしまっただけだったりするんだよ。だから、サバイバルなブリーフシステムを持ってたら、「もうけっこうです。おなかいっぱいです」と言ってサヨナラできたらすごく楽になる。

社会に浸透しているブリーフシステムのほうは、たとえば、「好きなことを仕事にするのは難しい」「楽しく仕事するなんて仕事をナメてる」とか、「一般的にはこう言われています」「みんなこう言っていますよ」ということ。

そういう世間の常識に当てはめた考え方を自分自身が採用すること。

社会問題もブリーフシステムが影響していることがよくある。

アメリカの黒人差別問題がその一つ。昔は黒人と白人の生活する場所が分けられていた。白人専用のレストランがあったり、バスの座る場所も白人と黒人は別。黒人には選挙権もなかった。だけど、少しずつ「それはおかしいよね。みんな同じ人間なのに」となって、そのブリーフシステムの愚かさにみんなが気付くと現実も変わるんだ。

最近、僕たちもブリーフシステムの更新を体験している。「仕事は会社でするもの」という長年のブリーフシステムが、リモートワークが広がったことであっという間に

ゆるくなった。

そのおかげで都心に住む必要もなくなって、同じ家賃で郊外のもっと広々とした家に引っ越した人も多いよね。都会が好きな人にとっても、この先は都会の人口が減ったら家賃が下がったり、交通量も減って空気もきれいになるかもしれない。

ブリーフシステムを変えることは、リアルに自分の人生においても、社会においても可能性が増えるんだ。

「心に従う」ってことは、
自分自身も周りの人も
しあわせにすることができる
最高の方法だ。

Let's try!

WORK 

古いブリーフシステムを新しいブリーフシステムに置き換える

Point

1

―

古いブリーフシステムに気づく。

Point

2

―

古いブリーフシステムを新しいブリーフシステムに少しずつ置き換える。

はっきり言ってこの「ブリーフシステム」を外していくのには、相当な時間がかかる。いまだにアメリカで大問題になっている黒人差別問題だってこのブリーフシステムが原因だ。古いブリーフシステムは忘れた頃にぶり返す。なぜかっていうと、脳科学研究でも証明されてるんだけど、何度も同じ考え方をしてると、脳のある部分の思考回路が強化されて太くなる。

だから、ちょっとしたトリガー（きっかけ）があるだけで、脳は自然とそのブリーフシステムを採用してしまう。反応してしまうんだ。だから取り除くのに時間がかかる。

でも大丈夫。

僕のおすすめのやり方は、古いブリーフシステムを新しいブリーフシステムに置き換える方法。ここでは「怖くて断れない」という人が持つブリーフシステムで説明してみたい。

まず、最初に自分の中にそのブリーフシステムがあるって気づくことが大事。

たとえば「先輩から急な仕事を頼まれて、断りたいけど断れない」とする。

Let's try!
WORK

ステップ①「断れない自分」に気づいて受け止める

断れなくてもOK。「断るのが怖い」「断れない」とアクティベートしたことにせめて気づいてほしい。それで「わかりました」って仕事を受けたとするよね。それでいいんだ。「今日も断われなかったな。でも大丈夫だよ」と自分に言ってあげて。自分を責めないことがポイント。

これを何週間も繰り返していると、しだいに断れるようになって、ちょっとずつ自分が強くなって、別のブリーフシステムを入れることができるようになる。

別のブリーフシステムというのは、この場合「自分のやり方で自分のペースで仕事ができる」というもの。

ステップ② 理想を考える

紙に理想のアクションを書いて、頭の中でリハーサルをしてみよう。

ステップ③ そのためにできる行動を取っていく（小さくてもいい）

「この資料明日までに作っといて」と先輩から頼まれると、あなたのブリーフシステムがアクティベートされて「断るのが怖い」「断れない」と感じる。

ここで、できたら、少しだけ勇気を出して、丁寧に断ってほしい。

これは、バウンダリー（相手と自分の間にある線）を引くときのコツなんだ。断るときに、「自分でやれよ」と怒ってバウンダリーを引いたら、相手も怒り出すかもしれない。だから親切に丁寧に断る。乱暴に言い返してくる人もいるかもしれない。それでもいい。「すいません、できません」って穏やかに返してほしい。

自然に断ることができると、あなたにはすごく大きなパワーがもたらされるよ。

断ることは僕は自分を大切にすることと同じだと思ってる。

これまで断れなかった人が断れるようになると、自分のパーソナリティが変わって、発言や行動も変わってくる。行動が変われば現実は変わる。そうやっていいブリーフシステムに置き換えることができると、きっと良い方向に変わっていけるはずだ。

心の痛みはなくならないし、
不安や恐怖もなくならない。
でも、自分がどうやって不安や恐怖と付き合うかで、
現実はいくらでも変えられる。

「辛い仕事を辞めて大好きなことを仕事にしたら、あらゆる悩みが解消される」

こんなふうに思っている人も多いんじゃないかな。僕もそんなふうによく考えていた。実際、好きなことを仕事にできたけど、恐怖や不安はなくならない。

今でも恐怖や不安が出てくるたびに自分の心と向き合って、恐怖リストのワークをしたり（69ページ参照）、ブリーフシステムの書き換えをしたりしてるんだ。

これはお金の問題に置き換えるとわかりやすいと思う。

お金がないときはお金さえあればすべて問題解決すると思うけど、実際にお金が入ってくると、また別の問題が出てくるよね。家庭の揉《も》め事とか健康問題とか。

痛みの種類は変わるかもしれないけど、何かしら永遠に続くんだ。
だからね、そこからは逃げることができないし、逃げるとよけいに痛みは大きくなるから、恐怖や不安と向き合って受け入れてしまったほうが絶対にいい結果を生むんだよ。

心の痛みは止めることができないけど、心の痛みとリレーションシップをちゃんと図れば、あなたはちゃんとビジョンに進むことができるんだ。

痛みから逃げると
よけいに痛みは
大きくなる。
恐怖や不安と向き合って

受け入れてしまったほうが絶対にいい結果を生む。

CHAPTER－4

とりあえず飛び降りてみよう。物語はそれからだ

Let's jump off first. Then we'll talk.

ずっと、自分の人生を周囲に任せてた。好きなことを自分の力でやりたいけど、できるわけないって不安もあった。でも心は忘れないんだよ。夢を諦《あきら》めて生きていくことに納得できなかった。

YouTube始める前の自分は、結局自分の人生を周りに任せていた。父親がライフコーチをやっちゃダメって言ったら「わかった。やらない」。父親が船の仕事をやりなさいっていったから頑張るとか。

ライフコーチはやりたい。

でも、それができるわけがないっていう不安があった。

ちっちゃくテストをするんだけど、結局ビビッて辞めちゃう。

これじゃいかん、いいかげん自分でやるわって思った。

当時、動画ビジネスの小さな会社を立ち上げて、全国規模でチェーン展開しているある大きな会社のWEB広告を請け負ったら、それがすごい成功した。

それでもやっぱり、YouTubeを本気でやろうと思って、クライアントに「辞めます」と言いにいって了承してもらった。

その夜、シャワーをザーザー浴びながら、俺はYouTuberで生きてくんだって思ったの。そしたら、超怖くなって、今度失敗したら、死ぬんじゃないかっていうくらい怖くなってブルブル震えが止まらなかった。

「無理無理無理、絶対無理。家賃払えない。モバイル代も払えなくなる」

シャワー出て一目散にクライアントに電話した。

「さっきは生意気言ってごめんなさい。明日からしっかり仕事します」

それは春の出来事だった。日本ではいろんなことが始まる楽しい季節なのに、僕は夢を諦めて生きてくんだって憂鬱《ゆううつ》だった。

ライフコーチは僕にとって1番やりたくて、
1番やりたくないこと。1番怖いチャレンジだった。
シャワー浴びながら、「でもこれやってダメなら死んでもいい」
そう覚悟した。これでダメでも息子には誇れる。

でも何かが心にくすぶっていた。

心が納得していないんだ。

それで半年後、秋にもう1回YouTubeをやろうって決めた。

「クリスの部屋」を本気でやってみようって。

ライフコーチの仕事に本腰入れて挑戦しよう。

「クリスの部屋」を立ち上げたのは、今度は日本人向けのものがいいと思ったから。

一緒にビジョンプログラムという、オリジナルのコーチングプログラムを作ったりもした。


自信があったわけじゃない。

郵便はがき

料金受取人払郵便

牛込局承認

2000

差出有効期限
令和4年5月
31日まで

162-8790

東京都新宿区揚場町2-18
白宝ビル5F

フォレスト出版株式会社
愛読者カード係

フリガナ お名前	年齢　　　歳 性別（ 男・女 ）
ご住所 〒 ☎　（　　）　FAX　（　　）	
ご職業	役職
ご勤務先または学校名	
Eメールアドレス メールによる新刊案内をお送り致します。ご希望されない場合は空欄のままで結構です。	

フォレスト出版の情報はhttp://www.forestpub.co.jpまで!

フォレスト出版　愛読者カード

ご購読ありがとうございます。今後の出版物の資料とさせていただきますので、下記の設問にお答えください。ご協力をお願い申し上げます。

●ご購入図書名　「　　　　　　　　　」

●お買い上げ書店名「　　　　　　　　」書店

●お買い求めの動機は?

1. 著者が好きだから　　2. タイトルが気に入って
3. 装丁がよかったから　　4. 人にすすめられて
5. 新聞・雑誌の広告で（掲載誌誌名　　　　　）
6. その他（　　　　　）

●ご購読されている新聞・雑誌・Webサイトは?

（　　　　　　　　　　）

●よく利用するSNSは?（複数回答可）

☐ Facebook　☐ Twitter　☐ LINE　☐ その他（　　　　）

●お読みになりたい著者、テーマ等を具体的にお聞かせください。

（　　　　　　　　　　）

●本書についてのご意見・ご感想をお聞かせください。

●ご意見・ご感想をWebサイト・広告等に掲載させていただいてもよろしいでしょうか?

☐ YES　☐ NO　☐ 匿名であればYES

でも諦めきれなくて、またシャワーを浴びながら、「僕は人の商品を売ることができて、Ｗｅｂページも作ることができてYouTube動画も作ることができる。なんとかなるやろ。できるはずだ」って思ったけど、また同じ恐怖がやってきた。

これで死ぬんじゃないかって。

でも、そのとき出てきた気持ちは、前とは違ったんだ。

これで死んでもいいやってなったんだ。

これがダメで死んでも後悔はない。これだったら自分の息子が生まれてきても、**「お父さんはこういうことに挑戦したんだよ。みんな僕のことをバカだって言ってたけど、自分はチャレンジしてよかったと思う」**と誇りを持って言えると思った。

これで死んでら本望だって死ぬ覚悟をしたんだ。

ライフコーチとして生きていくために。

父親や弟からライフコーチの活動にネガティブな反応がやってきた。
「そんなのマスターベーションじゃないか」って。
とうとう僕らは袂《たもと》を分かった。
そうしたら、うまくいった。

どうして一度は捨てた夢を「もう一度やってみよう」と、強い気持ちを持って決断できたのか。それはずっとライフコーチをやりたい気持ちがあったということと、いいかげん父親と離れようと思ったことが大きかったと思う。

もういいかげん自分でやろう。自立しよう。

YouTubeを始めた当初は協力してもらってたんだけど、「そんなのマスターベーションだ」「誰が見てるんだ」「うまくいくわけがない」と散々言われた。「クリスの部屋」の再生数はどんどん上がっていったのに、父親や弟からは「そんなことじゃお金にならない」とか、ずっと言われ続けた。

それで、**ああもういい、一人でやるってなった。**

そうしたら、うまくいった。

月10～20万円の収入が何百万円に上がり、チャンネル登録者数も一気に十万人ぐらい増えた。

実際、別会社を作って完全に移すまで1年から1年半くらいはかかったけど、やっと大人になれたと思った。35歳で初めて親と縁を切って自分の足でちゃんと立ってるって実感した。こんなに長引いたのは僕の甘えだ。

親に言われたことは、それこそブリーフシステムになりやすい。

僕は父親に「俺の夢はお前にこの会社の社長になってもらうことだ」と言われてきた。思えば思うほどその言葉にどれだけ縛られていたかと思う。

親や家族と袂を分かつのが怖いのは、まさに第二の脳、哺乳類の脳のせいだ。コミュニティの群れから離れると生きていけないんじゃないかって恐怖のサバイバルシステムが作動する。

でも、親から自立することは「したほうがいいこと」じゃない。「絶対にしないといけないこと」だ。そのことは僕の経験からも、はっきり言える。

クリスの部屋は崖から飛び降りた結果。
そしたら、背中に羽がついていた。
誰もが思い切って飛び降りないと
自分の羽の存在には気づけない。

「クリスの部屋」は今、30万人以上のフォロワーがいる。

うまくいくかどうか、まったくわからなかった。

自信もない。

でも、崖から飛び降りた。そしたら背中に羽がついてたんだ。

僕だけじゃない。あなたにも羽はついてるんだよ。

僕たちは自分の可能性に気づかずに生きているケースが想像以上に多い。

みんなほんとはイーグルなんだ。どこへでも、悠々と大きな翼を広げて飛んでいける。でも、みんな自分のことをダチョウとかエミューとか飛べない鳥だと思ってるだけ。

みんな背中には羽があって空を飛べるんだけど、「私には空は飛べません」って思いこんでるだけなんだよ。

自分に羽があるかどうかを確認するには、崖から飛び降りてみないとわからない。

Airbnb（エアービーアンドビー）の創業者は、「起業するのは、飛行機を作りながら崖から飛び降りるようなものだ」と言っていた。

地上にいるときに自分が羽があるってわかったら、みんな崖から飛び降りようと思うけど、まずは飛び降りてみるっていうのが先なんだ。

チャレンジしてみること。

「準備が整ってから」「○○の資格を取ってから」というように、決断を先延ばししちゃうと、いつまでたっても飛べないよ。

自分の可能性を信じて、まずは飛び降りてみよう！

親に言われたひと言が
「呪いの言葉」に
なることがある。
その通りに僕たちは

生きようとする。
でも、自分は自分だ。
自由になろう。

迷って失敗してもいいんだよ。世間は失敗っていうかもしれないけど、違う。それは大事な成長のプロセスだ。失敗は悪いことじゃない。

失敗すると「あいつは失敗した」って世間が言う。

だから失敗をすごく恐れる。

これは日本の悪い習慣だと思う。

「あの家のお嬢さん、結婚に失敗したそうよ」なんて近所で噂《うわさ》したりする。ちょっと待ってよ。どんな理由があるかなんて本人しかわかんないのに。世間はなんとなく形だけみて「失敗」って決めつけることが多い。

だからね、世間が「失敗した」なんて言ってもそこまで気にしなくていい。

ビジネスにしても何にしても、自分が真剣にトライして失敗することは、ほんとは失敗じゃない。それは成功するためというよりも、ほんとの意味で自分が納得した人生を送るための大事なプロセスなんだ。

だから、失敗は悪いことじゃない。このことを理解すると行動が楽になるよ。

僕は35歳でほんとうにやりたい仕事にスイッチした。

35歳が遅いと思うか早いと思うかは個人的な感覚だけど、日本では新しいことをするにはもう遅いって思われるかもしれないね。

年齢にとらわれて、「もうこんな歳だからできない」「もう遅い」って思っちゃうことってない？　それも社会にはびこる悪しき一般論ってやつだ。

何を始めるにしても、何歳からでも全然遅くない。あなたが今50歳だとしても、平均寿命まで30年以上ある。30年何かを続けたら、けっこうなプロフェッショナルになれるだろう。

だから、やりたいことは今すぐやっておいたほうがいい！

やった後悔よりやらなかった後悔のほうが、ずっと心に重くのしかかるよ。「やってみたら意外に怖くなかった」とか「最初は怖かったけど慣れたら平気になった」なんてことも、やってみないとわからないこと。

日本で育つと○×教育でやられちゃう。○だけが正しくていいこと。×はダメ。正しいと先生からもお母さんお父さんからも褒められて愛がもらえる。だから、○をゲットしようとがんばってしまう。

日本の学校教育は基本的に○×方式だ。僕は小学校まで日本にいて、その後アメリカで教育を受けたからその違いがよくわかる。日本は正しい答えを導きだすことがとても大事にされている。正しく答えられた子どもには何が起こるか。先生から褒められるんだよ。愛がもらえるんだ。「いい子だね。よくできました」って。

家に帰ったら「お父さん、お母さん、今日は100点取ったよ」「まあ、いい子。よくがんばったわね」と親からも褒められて、愛をもらえる。

これがもし10点とかだったらどうだろう?

学校では「モンセン君、何やってたの? ちゃんと復習した?」「これじゃあ上の学年に上がれませんよ」とダメな子のレッテルを貼《は》られる。家に帰ったら「クリス、何やってるんだ。もっと勉強しなさい」「お前はできない子」って怒られる。

そこには愛がない。**○×方式で正しいことだけがマル、いいことって教えられると、先生や親の愛を得たければ「いい子」にならなきゃいけない。**学校でも家でもできる子にならないといけないって考える。子どもは愛されないと寂しい、苦しいからマルをゲットしようと動いちゃうんだ。それが苦手でやりたくないことでも。

僕もずっと父親や上司に認められたいと思って動いてた。役に立っていい子だ、できるやつと思われようとしてた。

それってどこからくるのか考えたら、子どもの頃からマルをもらえる子がいい子、それ以外はNGだって考えが染みついていたからだと思う。でもそのルールはこれからも通用するだろうか？ **勉強ができる子、運動神経がいい子、聞き分けのいい子、お手伝いをよくする子がマルってのは大人の勝手な基準だ。生きていくためにどうしても必要なものじゃない。**

僕の知る限りだけど、勉強の得意不得意は仕事するうえでは関係ない。大学行ってない人のほうが考えが柔軟だって感じることよくあるし、足腰強くてよく働く。勉強ができなくたっていい子はいい子だよ。みんな一人一人違っていいと思うんだ。

たった一人が自由になれることに気づくと、
周りに自由が伝染していく。
そうやって人類は変わっていく。

子どもの頃、学校で怒られて「もう帰りなさい」って先生に言われて、ほんとに帰っちゃってトラブルになったことがある。ほんとは帰っちゃダメだったんだよね。僕にはそれがわからなかった。先生が本当に何を望んでたのか。母親に電話がかかってきてひたすら謝って、とにかくルールを守らない僕が悪いってことで終わったんだけど、**そのとき、なぜ僕が怒られるようなことをしたのか、帰っちゃったのか、理由を聞いてくれる先生が一人でもいたらよかったのにって、今思うんだよね。**

子どもだって理由があって行動するんだ。

僕が怒られたのを見た友達は、学校や先生の決めたルールに従わないと叱《しか》られるんだってリアルに感じて、大人しくいい子にしてるしかなくなる。

でも、先生も被害者なんだよ。学校や塾にもルールがあって、できない先生だって思われたらクビになる。親からも「うちの子どもができないのは先生のせい。学校は何やってるの？」って目で見られる。

これは学校だけの話じゃなくて、会社にも当てはまる。上の人に逆らわずに従うのは、僕はおかしいって思う。上の人の言うことが絶対正しいわけでもない。

ところが、一人が自由になれることに気づいて、「これはおかしいよ」「間違ってるよ」って言った瞬間に、周りの人も「自分もそう思う」となることがある。自由が周りの人に伝染していく。そうやって人類は変わるんだよ。

「クリスの部屋」で僕は「これおかしくない？」「もっと自由に選べるはずだ」っていう話をよく伝えてる。うれしいことに、たくさんの人から「自由に選ぶことができました！」ってフィードバックをもらってる。

もしそれが100人いたとする。その一人一人が新たな太陽になって「もっと自由でいいんだよ」って思いを周りの人に広げたらどうなる？　どんどん「もっと自由でいい」って波動が広がって、世界中のみんなが自由に生きられるようになると思わない？　自分を信じることはしあわせの道、愛の道をつくるんだ。

僕たちはハートのコンパスを持っている。
ハートのコンパスは、
心がほんとうに求めている道の方向を
いつも指し示している。

僕たちにはみんな心、ハートがあるでしょ。

心はあなたにとって最適なもの、必要なものを全部知ってる。Knowingな存在なの。

でもその心の声が、マインドに消されて聞こえてこないんだよね。いつもThinking。

つまり、頭で考えているから。**頭で考えていること＝マインドはエゴともいえる。**

たとえば、「Aの仕事とBの仕事、どっちがいい?」ってとき、「Bの仕事は絶対イヤだ、Bだけはないな」とわかるときは、ハートのコンパスがAを向いている証拠。

それがヒントなんだ。

それをBの仕事のほうが世の中的に人気があるとか、給料がいいとか、断りにくいからとか、理由は何でもいいんだけど、選んで続けるとするじゃない。そうするとどんなことが起こると思う？

体が病気になったりする。悪いことが起こって、「あなたの人生、こっちじゃないよ」ってハートのコンパスがその道を止めようとする。よく病気になって初めて人生で大切なものがわかったとか、家族のありがたみがわかったとか、自分に無茶をさせすぎていたことがわかって反省したという話があるじゃない。

健康を失うってとても怖いこと。やりたいことがあってもできなくなっちゃうんだよ。体を壊したり、メンタルを病んじゃうほどまで自分を追い込んじゃ、ほんとにダメなんだ。


「クリスに言われなくてもわかってるよ」


そう思うよね。

でもやっちゃう。それが**エゴ、マインドの怖さ**だ。

条件付きのしあわせは
マインドがつくりあげたものだ。
あなたの真実、
心の声じゃない。

Let's try!

WORK

自分の声が聞こえるようになる「ハートのコンパス」の鍛え方

Point 1

「私のハートのコンパスは今どっちに向いてる?」と自分で確認する。

Point 2

「今、私はそっちに向いてるんだ」と受け止める。

ハートのコンパスは鍛えられるもの。誰でもちゃんと心の声を拾えるようになる。僕たちはハートのコンパスとエゴのコンパスの2つを持ってる。それぞれの特徴を挙げよう。

①ハートのコンパスの特徴

「〜だといいな」「〜って好きだな」「〜したらうれしい」「ワクワクするな」「(理由はよくわからないけど)これだなって直感で感じる」という感じ。気持ちにウソがない。人と比べたりもしない。頭で考えて作り出したゴールではなく惹《ひ》かれるもの。

②エゴのコンパスの特徴

「〜しないといけない」「こうあるべき」「あっちと比べていい」「こっちのほうが評価される」「普通はこっちを選ぶ」という感じ。つい人と比べてしまう。何かをがまんしてやる。ルールにがんじがらめ。義務的。金銭的な欲求が強い。評価されたい気持ちが強い。気持ちにウソがある。

Let's try!
WORK

エゴがすべて悪いってわけでもない。僕もそうだったけど、エゴ全開で突っ走ったおかげで、鍛えられた部分もあったと思う。経験則で学んだことは生きる上では役に立つからね。特に仕事において。それがしあわせかどうかは、また別の話。

だから、もし今あなたが仕事をがんばって、ベンツとか欲しいものをいろいろ手に入れて、上司にも評価されているとする。

それを全部手放しなさいという話ではないよ。

でも、エゴばかりの生き方はやがて疲れてしまう。あなたが持つほんとうのしあわせ、ビジョンとはかけ離れすぎてしまうこともあると思うんだ。

何か問題が起きたり、ちょっと疲れた、私はこれでいいのかなと疑問に思ったら「私のハートのコンパスどっちに向いてる?」と心に尋ねて、ハートのコンパスの向きを確認してみてほしい。すぐに状況を変えられなくても、「今、私はそっちに向いてるんだ」と受け止めてみて。それを繰り返してると、エゴまみれになっていても、ハートのコンパスに従ってみようという気持ちに自然になれるときがくるから。

ハートのコンパスが反応していると、初めワクワクするんだけど、追いかけるようにエゴも入ってくる。「不安。怖い。心配だ」って気持ちがやってきて、コンパスがエゴのほうをクルッと向いちゃって、戻ろうとする。

そういうときは、69ページで紹介した恐怖リストのワークがおすすめ。あらかじめ、何を不安に思うか、怖いと思うか、リストにまとめて書いておく。感情は動いてるものだから、紙に書くことによってストップさせることができる。

これをすると、あなたのハートのコンパスの感度はどんどんよくなっていくよ。

CHAPTER – 5

何が起きても「大丈夫」でいられる自分になる

I'm okay with whatever happens.

人生は続いていく。崖から飛び降りてもそれで終わりじゃない。

恐怖が出てきて「失敗したらもう終わり」って思う。

そんなことは絶対ない。

「自分にウソをつかない」気持ちを見失わなければ大丈夫。


ここからは、より深く自分の心と向き合っていくステップだ。

まず、一歩を踏み出すこと。

「自分にはやりたいことがある」「今の状況から抜け出すことに決めた」

崖から飛び降りた。それってすごい勇気だよ。とっても素晴らしいこと。

でもそれで終わりじゃない。人生は続いていく。

そこがポイントなんだ。人生ってマジでいろんなことが起こるから。

好きなことを仕事にしようとするあなたはチャレンジャーだ。気合いが入れば入るほど「成功しないとダメ」っていうマインドが大きくなったりする。でも、「好きなことを仕事にして成功しないとあなたは失敗です」なんてことはない。

実は僕自身もそうだった。「ライフコーチで生きていく」なんて威勢よく飛び出したのはよかったけど、想像以上に大変だった。失敗して笑われるのが恐怖だった。

僕は当初、自分を「目標・ゴールセッティングの専門家」だと思ってた。みんなが自分の目標を達成するためのサポートをするライフコーチだって。でも、それよりほんとにみんなが困っていることは、何なのか。

そうしたら**「恐怖の専門家」**に変わっちゃったんだ。

目標をどうクリアするかということにフォーカスしたつもりでも、必ず恐怖や不安の壁にブチ当たる。どう抗《あらが》っても大なり小なり一生涯続いていく。

だったらどうすればいいか。

ここまでも恐怖や不安に対する考え方やワークを伝えてきた。それもすごく役に立つんだけど、もっと深く踏み込んで、**「自分の気持ちにウソをつかない」っていうことを、あなたのサザンクロス（南十字星）にしてほしい。**

自分の気持ちにウソをつかない。

そうである限り、あなたは自分の進むべき方角、ビジョンを失うことはない。

僕たちはラクな旅を生きていない。
この旅はぜんぜん快適じゃない。
必ず嵐《あらし》はやってくる。
うまくいかないことがあってもいい。

成功への旅というのは少しも快適な旅じゃない。ラクなものじゃない。あなたは快楽の人生を生きるために生まれてきていないんだよ。もしそれがミッションだったら、みんなどこかのビーチで休んでるよ。ビーチで水着着て1週間休む。さらに2週間休む、さらに3週間休む。すごくいい考えに思える。でもそれがずっと続いたらどうだろうか。そんな生活が楽しいかな。

キング牧師だって人種差別撤廃を実現するまで困難を何度も乗り越えている。自分が目指す成功の旅は決して順風満帆なものではない。必ず嵐がやってくるんだ。

目標をセットすることは大切だ。でも、頭で考えすぎるのはほんと要注意。あなたがほんとうに求めていることからズレていったりする。いつのまにかマインドの望むものにすり替わっていたり。ホンモノと思ったらニセモノだったり、見分けるのがけっこう難しい。

たとえば、あなたは「早起きできる自分になりたい」と思ったとするよね。でも、早起きが苦手でまた寝坊する。そのたびに落ち込む。会社にも遅刻する。寝坊が恐怖になるでしょ。実はそこがヒント。あなたのほんとの望みは何か？

寝坊するかしないかは実は問題じゃなくて、「自由に起きたいときに起きたい」があなたの本心じゃないのかな。そうなると、「早起きになりたい」はニセモノの望みだってことになる。

じゃあなんで「早起きしたい」と思ったかといえば、「遅刻してルーズなやつって思われたくない」「早起きは三文の徳」「成功者はみんな早起きだ」とか、理由はいろいろあると思うけど、どこかの本で読んだことや聞いたことを「いいことだ」と思い込んで、小さい頃から早起きは素晴らしいことって教育されてきてるからなんだ。

でも、今のほんとうの望みは「自由に起きたいときに起きたい」わけ。

じゃあ、どうすればよいのか。

今の自分のままで大丈夫なんだと心から信じよう。しあわせになることは、完璧《かんぺき》になることじゃない。

まずはね、**うまくいかないことがあっていい**ってこと。今ここにいる自分にはできないことがある。それでいい。私は大丈夫だって心の底から思ってみてほしい。「クリス待ってよ。学校や会社で怒られるよ」って言うかもしれない。でも、あなたの価値は寝坊したかしなかったか、そんなことでは決まらない。そもそも早起きできることだけが人の素晴らしさじゃないよね。あなた自身を否定するようなことじゃない。できないことがあってもあなたはぜんぜん大丈夫。

僕たちって、ちょっとできないことがあると自分をすぐ否定するでしょ。みんな自分に厳しすぎる。**日本で教育を受けると、だいたい、完璧を目指す「ちゃんとやらなきゃボーイズ&ガールズ」になる。**ちゃんとやらないと怖いし、不安だし、焦る。だからぜんぜん「大丈夫な状態」でいられないんだ。

たとえ、できないことがあっても、みんな今この時点で完全な存在なんだよ。

赤ちゃんは急に歩けないよね。寝てる状態から、お座り、ハイハイ、つかまり立ち、よちよち歩きと、ステップを踏んでだんだん歩けるようになる。でも、どの時点の赤ちゃんも完全な存在だよね。「ちゃんと歩けないからダメだ」なんて言う人はいない。お座りの赤ちゃんもヨチヨチ歩きの赤ちゃんも、その状態のままで「大丈夫な存在」でしょ。僕たちも同じなんだよ。

僕たちは他人に対して自分の物差しでジャッジして、「あの人はぜんぜんダメ」とかしょっちゅう否定しがちだけど、その人はその人の道を生きている。遅刻するのも、太っているのも、やせているのも、彼らにとって何かしらの学びのはずなんだ。

上から目線で言ってるんじゃないよ。

その人はその人なんだって認めてあげると、どうなると思う?

自分のことも認められるようになるんだ。「自分は自分だ」ってね。

しあわせになることは、完璧になることじゃない。できないことだらけでいい。

今の自分のままで大丈夫だと思えれば、人生最強だよ。

あなたがほんとうに求めていることは自由で恐怖がないこと。「大丈夫でいたい」というふうに少し考え方を変えてみたら、ずっとラクで生きやすくなるよ。

人生は「しあわせになるもの」って考えると、目標や目的を叶《かな》えなくちゃ、完璧にならなくちゃってなる人が多いと思うんだ。

だから、こう考えたらどうだろうか。

「人生は大丈夫な状態でいるためのもの」って。

心がちょっとラクにならない？　ガツガツしなくてよくならない？

目標や目的を決めすぎると、恐怖が出てきて、またサバイバルしちゃう。勇気出してせっかく崖から飛び降りても、結局、前と同じように恐怖や不安から逃げるために右往左往し始める。

あなたがほんとうに求めていることは自由で恐怖がないという状態。「大丈夫でいたい」というふうに少し考え方を変えてみたら、ずっとラクで生きやすくなると思う。

「失敗したらしあわせになれない」と思って、下手にもうけ話に乗って、ウソをついてお金が入ってくると、またウソをついてお金が入ってくるの繰り返しで、人生ウソだらけになってしまう。

だから、ウソをつかないで、ほんとうの自分でやっていく。ほんとうの自分として人との付き合いを進めていく。

ほんとうの自分にはできないこともある。それでいい。無理しなくていいんだ。


「私は大丈夫」


今の自分を認める作業をやっていくと、不思議と周りの人からも大切にされるようになる。

なんでかって言うと、「あなたが大丈夫でいられるような状態」で接してきたりするからなんだ。面白いことに、無茶ぶりとかが減ってくるよ。

生きていることがどんどん居心地よくなってくる。

輝いている人は自分に正直だ。

できない自分でいい。

自分がいる場所を認めてあげてほしい。

自分を大切にしてあげよう。
あなたは大丈夫なんだ。

Let's try!

WORK 

自分が「大丈夫なところ」にいられるようになるワーク

Point 1
小さいレベルの目標を掲げる。

Point 2
中レベルの目標を掲げる。

Point 3
大レベルの目標を掲げる。

Point 4
特大レベルの目標を掲げる。

Point 5
それぞれ「これも大丈夫」とレベルアップしていく。

恐怖や不安を感じやすいと自覚のある人は特に、大きすぎる目標やゴール設定はきっちり決めすぎないほうがいい。あってもいいんだけど、それとは別に、この**「大丈夫」という感覚を広げていく練習**をしておくことをおすすめしたい。

このワークでは、目の前の問題を「小↓中↓大↓特大」って順番に考えて、「これは大丈夫」「これも大丈夫」というふうにレベルアップしていく。

たとえば、「言いたいことを言えるようになりたい」と思っているとするよね。そうしたら、言いにくいことを言う練習をしていく感じでやってみよう。

①小さいレベルの目標

小レベルは、たとえば「挨拶」「感謝の気持ちを伝える」から始める。店員さんに「ありがとう」、宅配便のお兄さんに「いつも助かります。ありがとう」、いつもごはんを作ってくれる親に「ありがとう」を伝える。照れくさくて言いたくても言えない人もいるかもしれないけど、感謝の気持ちはポジティブだから、伝えても怒られることはまずない。怖くないよ。おまけに恥ずかしさも克服できてしまう。

これで一歩進める。

②中レベルの目標

中くらいのレベルは、もう少し言いにくいこと。友達の愚痴を聞くのに疲れたら、「ごめんね。そろそろ帰る時間だから」と言う。会議で「私はこう思います」と発言する。気乗りしない誘いが来たら「私は行けません」と伝える。ランチで友達全員がミートソースを頼んでも、「私はカルボナーラ」と堂々と言うとか、くだらないことでもいい。

③大レベルの目標

さらにレベルを上げてみる。人に何かを注意することや、お願い、クレームをすること。「すみません。うちの玄関の前にたばこの吸い殻を捨てないでいただけますか」「トイレの紙が切れたら最後の人は補充してください」「もう少し丁寧に書類の整理をしてもらえますか」とか。

④特大レベルの目標

特大レベルは、会社やバイトを辞めることや、離婚することとか。

ポイントは、「断ることができる自分になる」ときと同じように「親切に」。

そして、「穏やかに」。

特に大や特大レベルは相手の立場や気持ちを考えて発言できたらベストだよね。

いつも「自分は大丈夫なんだ」というところにいられるようになると、勝手にいい答えが出てくるようになる。偶然みたいな感じで必要な答えが自分の心の中から上がってきたりするんだよ。

その積み重ねで、大きなチャレンジも怖くなくなるんだ。

クリスの部屋が軌道に乗るまで苦しかった。
超怖かったーーー。
いよいよ資金繰りがヤバいと知ったときは腰抜かした。
でも、ハートのコンパスや「習慣」が助けてくれた。

僕の場合、ファミリービジネスから完全に独立して、何が一番大変だったかといえば、資金繰りだった。

少人数のチームで始めたんだけど、これまた死ぬかと思ったよ。大げさじゃなくって。貯金はないうえに、毎月家賃やスタッフの賃金とか経費がかかるでしょ。僕は車や時計を売ったり、NISAも売却したりした。

ほんとに怖かった。どんどん資金繰りが悪化して、プレッシャーだった。もう今月ヤバイみたいなときに僕、腰抜かしたんだよ。ぎっくり腰になっちゃって。ただ、これで死んでもいいんじゃないかって覚悟してスタートしていたから、なんとか乗り切れた。ウソのない、心の底から信じていることって強いんだ。だから、前を向けたんだよ。

切羽詰まったときや煮詰まっちゃったときも、ハートのコンパスは教えてくれる。瀬戸際に立たされたとき、問題をどうにかしようと思いすぎないことが大事。問題からあえて離れてハートのコンパスが気持ちいいなって感じることをする。僕の場合は朝ヨガとか瞑想《めいそう》とか散歩とか。自分の心を静かにする習慣が避難場所のようになって助けてくれるんだよ。

自分が忙しすぎると、そういう習慣が馬鹿らしく思えて後回しにしちゃう。そんな時間はないよって。違うんだ。ちょっとでもハートのコンパスが向いてることしてあげるんだ。自分を癒やしてあげる。それがあると窮地に立たされても踏ん張れるようになる。

習慣を身につけるには、1つずつにして、欲張らないほうがいい。瞑想だ、早起きだ、ヨガだってやっちゃうと「しなければならない」って義務になってやりたくないことに変わってしまったり、「あれもこれもできなかった」って、自分を否定する可能性もあるからね。

やった後悔よりも
やらなかった後悔のほうが、
ずっと心に重くのしかかるよ。

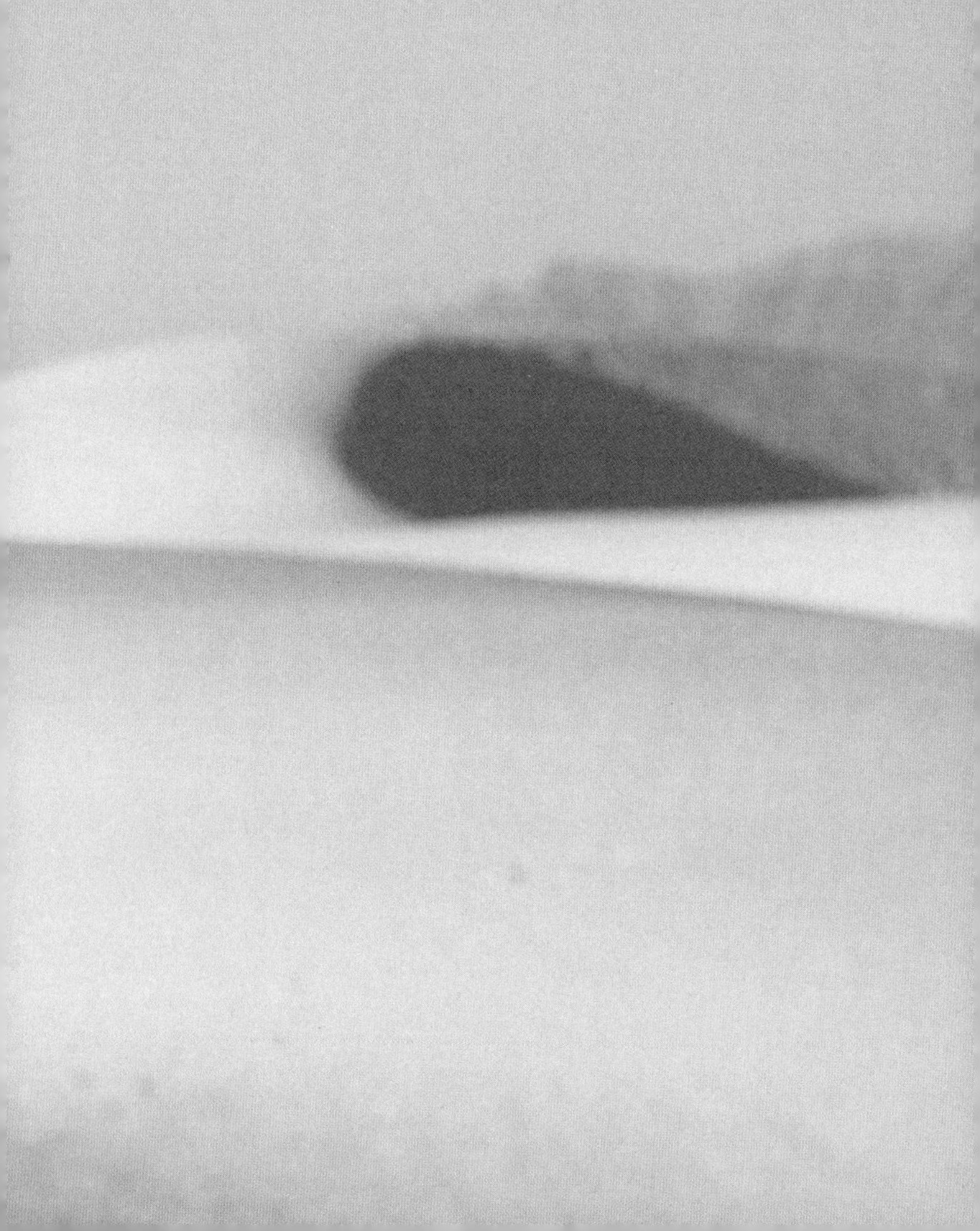

CHAPTER – 6

フォーカスを変えると現実が変わる

Changing the focus changes reality.

どうやったら現実を変えていけるか。
それって結局、
僕らの「ムード」が決めてるんだよ。

僕たちのいるリアルな現実はどんなふうにつくられているのか、その仕組みを知っておくと、さらに自分が望む方向に現実を変えていけることがわかる。

自分に起きている現実は、論理的には、自分の思考が元になっていて、そこから生まれた発言や行動の結果ということになってる。たとえば、「髪をショートカットにしたい」という思考が元になって、「美容院に行く」という行動が導かれ、美容師さんに「短く切ってください」という発言が生まれ、その結果「ショートカットの自分」がリアルとして存在するという現実。「思考は現実化する」ってナポレオン・ヒルの有名な言葉もあるよね。これは止めることができない。わかりきっていること。

実は**「思考は現実化する」**という言葉は、もう一つ、現実をつくる大切な要素を含んでいる。それは**「ムード」**。信じられないかもしれないけど、ムードが思考を決めて、思考が現実を決めてる。これからの心の時代はこっちのほうがとても重要だと僕は思っている。

ムードが現実を決めてるなんて、その言葉だけを切り取るとウソくさいって思うかもしれないけど、みんな体感的にわかるはず。こんな経験はないかな。

朝、電車に乗り遅れて「今日はツイてないな」と思ったら、スマホを開いたらクライアントからクレームのメールが届く。ランチではカツ丼を頼んだのに海鮮丼が出てくる。夕方、彼女からはデートキャンセルの連絡が入る。最悪な1日だ。

こんな日が1週間、1ヶ月、1年、3年、10年と続くとどうなると思う？

人はツイてない、うまくいってないと思うと、そこにフォーカスしちゃうんだよ。不安だから。それに加えて、さらにネガティブな発言や行動をして、もっとうまくいってないリアルを受け取ってしまう。

それに気づかないでうまくいかないことが続くと、どうなるか。「もっと頑張らなくっちゃダメ」「もっと努力しないとしあわせになれない」っていう思考が生まれてきてしまうんだ。

ほんとにやりたい仕事から怖がって逃げてたから、
「やりたくない仕事」という結果を受けとってた。
結果は必ず、
行動のリアクションとしてついてくる。

つまり、行動を変えたい、やる気を高めたいと思ったときに「がんばる」エネルギーを出すと、がんばり続ける現実が結果として続くってこと。

それよりも、まずはムードを切り替えることを先にしたほうがいい。

たとえば、あなたに夢があって「これやったら楽しそうだなあ」と周りの人に言ったら、「いいね！　がんばってみて」って友達や先生や会社の仲間や家族が「大丈夫」って言ってくれたら自分のムードが軽くなる。「よし。やってみよう！」と実際のアクションにつながったりするでしょ。

結果というのは、必ず同じエネルギーのリアクションとしてついてくる。

僕の人生は、あるときまで自分がやりたくないことをやってきた。それは、僕が怖がってほんとうにやりたい仕事からは逃げてたからなんだけど、「やりたくない」「なぜかうまくいかない」「認められないといけない」「もっとがんばらなくちゃ。だからダメなんだ」っていう思考のエネルギーを振りまいていたから、その結果として「辛くてやりたくない仕事」を受け取ってたんだよね。

エネルギーとか波動って話は、YouTubeでも僕はちょくちょく言ってるけど、目に見えないもの。だから、よくわからないって思う人もいるかもしれないけど、もれなくみんな感じてるし、誰もが放ってるもの。

たとえば、目の前に怒っている人がいて、それに気づかないふりをしようとしたり、その人に近づかないようにした経験は誰しもあるでしょ？　なぜなら、人の感情が動いているときには、必ずそのエネルギーが周りに放射されているからなんだよ。だから、「あの人、今日、機嫌悪いみたい」ってキャッチできる。

僕たちはエネルギーを介してもコミュニケーションしている。それは逆に言えば、自分一人のエネルギーも周りに影響を与えているということ。

目に見えない感情のエネルギーにも目覚めていくと、現実はどんどんリアルに変わっていく。

自分のフォーカスをポジティブなところに変えてみるだけで、自分のムードがよくなる。
「運気」は自分を運んでくれるエネルギーだから、
自分で運もリフトできるってこと。

これは、僕たちがどこにフォーカスしていくかで、現実は変えられるという大事な話なんだ。

脳はほんとうに不思議なもので、あるものにフォーカスしてると同じようなことをいっぱい探してくれて、考えてくれて、見つけてくれる機能を持っている。

たとえば、僕は去年、赤ちゃんが生まれた。奥さんが妊娠するまで、赤ちゃんという存在をそんなに気にしたことがなかったの。でも、赤ちゃんが生まれるとなったら、街中で赤ちゃんをやたら見かけるし、赤ちゃんグッズが目に飛び込んできて、「こんなに世の中って赤ちゃんのものだらけだった？」という感じになったんだ。

これは完全に**「脳のフォーカス機能」**のしわざ。

だから、「人生うまくいかない」ってことばっかり考えていたら、うまくいかない理由を脳はたくさん探してくれて、毎日体験することになる。

エネルギーは日本では「気」と呼ばれる。運気を上げたいとみんな思うでしょ。僕が一番効果的だと思うのは、自分の意識をコントロールして、ポジティブなところにフォーカスするようにすること。一ついいことを見つけると、2つ目、3つ目とラクにいいことが見つかる。そうすると、自分の〝気源《きげん》〟がよくなるの。エネルギーの源がポジティブなものに変わってくるんだ。そうすると、発言や行動が変わる。

運気というのは、自分をどこかに運んでくれるエネルギー。運気は、運動の「運」とエネルギーの「気」でできてる。だから、気の源がポジティブなエネルギーであふれていたら運は勝手に上がっていく。自分で運もリフトできるってことなんだ。

この宇宙は常にエネルギーが動いてる。止まることはない。「私は運が悪い」「いい運に恵まれない」と思っているかもしれないけど、それはあなたが望んでいないムードを選んでそのムードで過ごしているからなんだ。**自分で行きたいところ、望む現実のムードにあなたの気の源のエネルギーをチェンジすればいいんだよ。**

現実をリフトするには、毎秒毎分、毎時間、毎日、1ミリだけでもいいから自分のムードを上げること。

もしあなたが今落ち込んでいたり、問題が山積みで苦しくても、それで自分のムードを決めなくていい。もし自分の現実が気に入らなかったら、望むムードのエネルギーをリフトしていけばいいってだけなんだから。

住んでいるところ、仕事、結婚相手、もっと言えば、この本もあなたの過去のムード、エネルギーと波長が合った結果の表れ。ムードが変われば、家も、仕事も、読む本も、結婚相手も変わる可能性はある。

ほんの1ミリだけでもいい。たった1ミリだけムードを変えることで、それが10センチになり、1メートルになり、現実を変えていく。

「大きな行動をとらないと現実は変わらない」
「1億円貯金がないとしあわせになれない」
「仕事を変えたらしあわせになる」

違う。全部間違い。ダウナーなムードのままで転職しても、また同じように嫌な仕事をやることになったりするんだ。

そうではなくて、現実をリアルにリフトしていくには、毎秒毎分、毎時間、毎日の瞬間の自分のムードを上げていく。ポジティブなほうを見ていくことが大事なんだ。

100%ポジティブでいるのは無理だよ。人間は、喜怒哀楽の4つの感情をみんな等しく持っているからね。

苦しい、悲しい、くやしい、そういうときは、そういうネガティブな感情に寄り添ってあげて、消そうとしたり、臭いものに蓋《ふた》をして見て見ぬふりはしない。一度ちゃんと受け止めてあげるといい。それから、ムードを切り替える。

目安として、1日の約35%くらいから半分以上をいいムードでいる時間を意識していると、毎日がいい感じで、「私は大丈夫」と思える時間が増えてくるよ。

ほんとうにしあわせな人は、問題が起こっても感謝のまなざしで見つめてる。だからネガティブなエネルギーが心のタンクにたまらない。

自分の中にポジティブなエネルギーがたくさんある人ってどんな人だと思う？

僕は、**物事の感謝できるところにフォーカスが合っている人**だと思う。そういう人は辛いことが起こったとしても「大丈夫だよ」って自分の心とつながっている。そうすると、よいアイディアが入ってきたり、協力者が現れたりする。

この辛い出来事からも学べることがあるな、「ありがたいものだな」っていうふうにいつも感謝のまなざしを向けて物事を見てるんだ。だから**ネガティブなエネルギーが心のタンクにたまらない。そういう人こそがほんとうにしあわせだと思う。**

そういう人は、自分の心が望んでいるものは何か。自分の行動はサバイバルなのか、愛なのかを考えることが板についていて、サバイバルだったらやらない。心とアライメント（連携）していない、心と調和していない発言や行動をしないんだ。

僕もまだ学びの途中だけど、自分の人生を本気で変えたいなら、自分がどのような行動や発言をとっているかというのは気をつけないといけないよね。

自分が誰かにネガティブな発言や悪口を言いそうになったら、口をつぐんだほうがいい。

ほんとに苦しい状況で誰かに話を聞いてほしいときは確かにある。学校や会社でいじめに遭ってるとか。パワハラやモラハラ受けてるとかさ。そういうときは、聞いてもらっていいと思うんだよ。それは心の叫びでしょ。そういうのじゃなくて、誰かを叩《たた》くとか、貶《おとし》めるとか、**自分のステイタスを上げるためにする発言や行動は一切やめよう。**

すごく憎たらしい、くやしいと思う相手が出てきて、文句を言いたくて仕方なかったら**「なんでその人のことを嫌いなのか？」**って自分に質問してノートに書きだしてみるといい。自分が欲しいものを手に入れてるとか、自分が欲しい地位にいるとか、相手と自分を比べていたり、自分の自信のなさを自覚することにつながる場合が多いと思う。

自分のしあわせは
自分でつくれるんだよ。
それはあなたの
今この瞬間のムードから変わる。
それを忘れないでほしい。

感情コントロールのプラクティスは、人生を変える一生もんのツール。君の生き方そのものになる。

ここで、あなたがポジティブなムードにいやすくなるツールを紹介しよう。「感情コントロールのプラクティス」というんだけど、プラクティス（Practice）って日本語で「訓練」とか「練習」って訳されることが多い。

それも正しいけど、**もう一つ「プラクティス」には「生き方」という深い意味がある。だから、毎日続けることであなたの「生き方」そのものを支えてくれる。**

自分のマインドの武器になる、味方になるツールを選んで、習慣にしてみてほしい。

感情コントロールのプラクティスの一つめは、嫌なことがあったら「そのぐらいでよかったね」と自分に言うこと。

繰り返しお伝えしているように、生きている限り不安や恐怖はゼロにならない。そこで、手っ取り早くムードをチェンジするための魔法の言葉を教えよう。これは僕も人から教わった言葉だけど、とってもよく効くよ。問題がやってきたら、こう口にしてほしい。

「そのぐらいでよかったね」

これを自分に対して声をかける。問題がどんなに大きくても、こう言ってみる。そうすると、「それもそうだな。もっと大変ことが世の中にはあるよね」ってサバイバル好きなマインドは納得するんだ。そうやってムードをマイナス状態からゼロに持ち上げる。

それから**「この問題は何を教えてくれてるのかな?」**って切り替えていくんだ。

あいにく現実はすぐには変わらない。どこでもドアみたいに、扉を開けたらしあわせな国でした、みたいなことはありえない。

僕はムードを切り替えていくとき、よく焚火《たきび》を思い浮かべる。焚火をしようと思ったとき、ぼんって置いてあるデカい丸太に火をつけてもすぐには燃えないでしょ。はじめは、小さいサイズの薪《まき》に火をつけて、次は手のひらサイズの薪、次は腕のサイズって、じょじょに大きい薪をくべて炎を大きくしていくよね。

自分のムード、〝気源〟もそれと同じ。

1ミリずつでもムードが上がることを選択して、心の中のポジティブなエネルギーを増やす。今度はそのレベルでもう1ミリ、ムードが上がる選択をしてポジティブなエネルギーを増やす……っていうふうに、自分の心の中のポジティブなエネルギーをじょじょに上げていく。

途中でショックなことが起きて、ちょっと炎の火が弱くなっても、また少しずつ増やしていくようにすれば、自分の中のポジティブな炎がまったく消えてしまうことはない。僕はこれを**焚火の法則**って呼んでる。さっきの1ミリだけ毎日のムードを変えていくやり方と同じ。

もう一つ、ムードを自然によくする方法がある。それは「感謝できること」を見つけること。

「今日も屋根があるところで眠れてよかった」「お風呂に入れてしあわせだ」「家族がいてよかった」「嫌だけど仕事がないよりよかった」「水道があってよかった」とか。「え、水道?」ってばかばかしく思ったかもしれないけど、日本みたいにライフラインの管理が行き届いていて安全に水を飲むことができる国は稀《まれ》なんだよ。

感謝できることや、1日のよかった出来事を見つける努力はすごくいい。努力って「大変なもの」って思うかもしれないけど、この努力はいくらやっても損しない。**努力すればするほど楽しくなるし、ポジティブなエネルギーがたまって自分をどんどん肯定できるようになるよ。**

感情コントロールのプラクティスの2つめは、ジャーナリングを習慣にして、長期的にフォーカスを変えること。

ジャーナリングというのは英語で日記とか日誌って意味だけど、僕のジャーナリングはちょっと違う。あなたの不安や恐れを減らして、モチベーションを上げる。長期的にみて、ほんとうに望む場所に連れていく魔法の絨毯《じゅうたん》みたいな手法だ。

ジャーナリングには専用のノートを1冊用意してやるのがおすすめ。ここまでも、「恐怖のリスト」（69ページ参照）はじめ、ノートに書くといいとお伝えしてきたワークがあるよね。それらは、わりとがっつり「不安と向き合うジャーナリング」なんだ。

ここでは、ムードの切り替えや、**心のポジティブなパワーを高めるジャーナリングの方法**を紹介しよう。

Let's try!

WORK

デイリージャーナリングのやり方

Point 1
ジャーナリングのためのノートを用意する。

Point 2
「今日感謝できること」を書き出す。

Point 3
「今日の問題先生」を書き出す。

Point 4
「明日（今日）やるべきことトップ3」を書き出す。

Let's try!

WORK

ノートを用意したら、次の①〜③を書いていこう。

①今日感謝できること……うれしかった、楽しかった、感動した、もっと好きになった、ありがたかったというふうに、今日あったいいことを1行でいいので書く。

②今日の問題先生……1日の中で心とマインドのアライメントがとれていなかったこと。「やりたくないことをいい人ぶって引き受けた」とか、ざっくりでいいので書く。余裕があったらそこから何が学べるか、ほんとうはどうしたいのかを書く。もし人生が学校だったら、何を教えようとしているのか？

③明日（今日）やるべきことトップ3……これは仕事のTO DOリストじゃないよ。あなたのほんとうにやりたいこと、心の声とつながっているとベスト。難しく考えなくてよくて、「玄関の掃除」「ヨガをする」「税理士を探す」みたいなこと。問題解決が前進するものだったり、心の安定やモチベーションアップにつながるものだといいね。

感情コントロールのプラクティスの3つめは「瞑想」。瞑想は最強のフォーカス転換ツールだ。

今のところ僕が最強のフォーカス転換ツールと考えているのは瞑想だ。

14歳のとき、『Awakening The Buddha Within』(Lama Surya Das)という本に影響を受けて瞑想を始めた。「オム・マニ・ペメ・フム」(Om・Mani・Padme・Hum)というチベット仏教のマントラがあって、それを唱えて瞑想をすると、自分の中にあるロータスフラワー(蓮《はす》の花)が開いて自分の本当の姿、ジュール、光に出会えるっていう教えがある。

でも、僕は瞑想がからきしダメだった。じっとしているのが苦手だし、まったくできなかった。あらゆる瞑想を試したけど、そのたびにウツっぽくなる変な頭の回路があって、お手上げだった。でも瞑想アプリとかのガイド付きメディテーションをしたらすんなりできるようになった。それからというもの、瞑想をやる日とやらない日とでは雲泥の差があると感じてる。

瞑想はさまざまな効果があることが知られているよね。

僕が瞑想の効果を一番感じているのは、感情のコントロールがスムーズになることだ。考えすぎ、イライラ、モヤモヤ、あらゆるストレスといったネガティブな感情を、とても安定した心の状態へ導いてくれる。無意識で起こるネガティブな反応にも気づかせてくれて、冷静に対処できる。この考えを僕は選ぶ、この考えは選ばないという思考の判断が上手になる。

肉体的にも、仮眠をとったみたいにスッキリしたり、疲労感がとれる。血圧が安定したり、自律神経が整い、痛みの改善に効果的といった研究報告もあるくらいだ。

僕がおすすめする瞑想の習慣は、毎日同じ時刻に10分間続けること。

ただ、それだけ。

瞑想はたくさんの種類があるから、好きなものでいいと思う。ただ、初めてやる人は、どの瞑想をするにしても、10分間じっとしてること自体が苦痛になる人が多いかもしれない。

姿勢は頭のてっぺんから尾てい骨までまっすぐにするように言われるけど、あまり気にしなくていいと思う。ラクな姿勢から始めて、僕みたいにアプリを使ったりして、1分でも2分でも目を閉じてみてほしい。

30日間続けることができたら習慣になるよ。

瞑想が苦手という人は、自分で賢くチューンアウト、現実逃避できる自分のツールを身につけるようにしてみよう。

この辛い世の中からちょこっと抜け出す必要があるときは絶対にくる。よくあるのはゲーマータイプ。ゲームの世界に入っちゃう。パチンコやアルコール、ポルノなんかもチューンアウトだけど、できるだけ健康的なもののほうがいいね。

映画や読書は脳の中でまったく別世界を体験することができるから、脳科学的によい刺激があることがわかってる。ヨガ、空手、ロードバイク、ジョギング、絵を描く、俳句を詠む、楽器を弾く、刺繍《ししゅう》をするとか、一定時間集中して行える好きなことをピックアップしておこう。

感情コントロールのプラクティスのの4つめは、今この1時間に集中してフォーカスすること。

僕たちはいつも時間は有限だってことをつい忘れてしまう。
それでどうでもいいことを何日も悩んだり、大事なことを先延ばしにしちゃったりする。実は、時間の使い方にちょっと気をつけてみると、感情もコントロールしやすくなるんだ。

たとえば、この本を読み終わったあとの1時間をどう過ごす？
1時間をどう生きるか考えてみる。

こういう本を読んだり、人生変えたいと思っているときは、大胆な行動を取りたくなりがち。会社を辞める、貯金を全部使って世界を旅する、海外移住するとか。そういうことをしたい人はやってもいいけど、それと一緒に「目の前の1時間にフォーカスする」というのもぜひやってほしい。

忙しくていつもイライラしている職場にいるとしたら、「この1時間は目の前の仕事に集中」という感じでやってみる。「このメンタリティを選ぶぞ！」って気持ちでね。

そうやって毎時間集中してごらん。

1年経ったら、人生まったく変わってくるよ。

ほんの１ミリだけでもいい。
たった１ミリ変えることで、
それが１センチになり、

１メートルになり、
１キロになって、
現実を変えていく。

感情コントロールのプラクティスの5つめは、
毎週3時間は
自分だけの時間を楽しむことを習慣にする。

毎週3時間は自分だけの時間をとって、完全にブレイクしよう。

3時間連続でもいいし、1時間ずつでもいい。もっと分けてもOK。社会や人間関係のペースから離れて休憩することが目的だから、家族や友達や恋人とも離れないといけない。だから、デートやパーティはNGだ。

愛犬をお伴にするくらいはいいかもしれないけど、基本は自分一人で行動して、自分を思いっきりリラックスさせてあげてほしい。

『7つの習慣』のスティーブン・R・コヴィー博士のいうところの「Sharpen the Saw＝自分のノコギリを研ぐ」、つまり自分を再生、リフレッシュするんだ。

自然の中に行く、小さい旅行に行く、ハイキング、ピクニック、ミュージアム、趣味の店、演劇を見る、公園に行く、レストランの新規開拓とか、何でもいい。**それを1か月先までスケジューリングして決めてしまおう。**

仕事が立て込んでいるような場合は、となりの公園で瞑想する、音楽を聴く、仕事帰りに展覧会に行くとか。寝る前の30分だけ読書するとか。

自分のクリエイティブとは違うような形で、自分のためのだけの時間をつくってみる。自分を楽しませて、大切にする時間と考えてみて。

お金を払ってセラピストに問題解決してもらっても、傷口にバンドエイドを貼ってるようなものだよ。

このフォーカスを変えるためプラクティスは、いわば人生のライト・プラクティス。自分の心が持っている真実、心の波動、心の視点を現実の中でもっと気づけるようになるトレーニングなんだ。

自分がこれから何を本気でやっていきたいのかということ、それについて行動していくためのエネルギー、スタミナになる。

これは選べるオプションじゃないよ。時々やってみるとか、1週間だけやってやめるというものじゃないんだ。自分に合うライト・プラクティスを見つけたら、死ぬまでやってほしいくらいなんだ。ライフワークの一部だって理解してほしい。

お坊さんは毎日お経を読むでしょ。

プロ野球選手は毎日バット振るでしょ。
それと同じ。

心に従って、やりたいことをしていくんだったら、自分で自分の面倒みなくっちゃ。ネガティブなエネルギーは勝手にどんどんたまってくるけど、ポジティブなエネルギーは意識してためていかないとすぐガス欠するよ。

それは、性格が明るい、暗いっていう表面的な話ではなくて、望む人生を前に進めるためのスタミナっていう意味。ガソリンスタンドに行って誰かがポジティブなエネルギーを入れてくれたらって思っても、他の人は絶対にやってくれない。

これは自分にしかできないんだ。

何か問題が起きたり、不安なときにお金を払ってセラピストに問題解決してもらったりというのは気休めにはなるけど、傷口にバンドエイドを貼るようなもの。ちょっとの間は血が止まってるかもしれないけど、**根本的な解決にはならないし、あなたの道は開いていかない。**

その点、ライト・プラクティスは、ものすごくコスパのいい投資なんだよ。感情は暴れん坊だからね。それをコントロールできるようになったら怖いものなしだ。

Let's try!

WORK 

疲れているときに心のバッテリーを蓄えるジャーナリング

Point 1

「自分のエネルギーが出ているところ」を書き出す。

Point 2

「自分がどこからエネルギーや愛をもらっているか」を書き出す。

先行きが見えなかったり、実際に病気を抱えていたり、心がすごく疲れていると感じるときもあるかもしれない。そういうときは、自分のエネルギーが出ているところ、つまりがんばっているところと、自分はどこからエネルギーや愛をもらっているかを書き出してみるといいよ。

たとえば、「子育てと仕事の両立にがんばっている」「毎朝のお弁当づくりをがんばっている」「資格を取るために勉強している」。自分だけが知っている努力ってあるよね。

書き出すと、こんなにやってて偉いって褒めたくなるよ。

今度は、自分ががんばれるエネルギーはどこからきてるのか考えてみてほしい。「子どもの笑顔」「ペットのぬくもり」「両親の愛情」「ハイキング」「ダンスのレッスン」「お給料」「おいしいごはん」「漫画を読むこと」「楽しみなドラマ」「夏休みの旅行」みたいにさ。

自分に元気を与えてくれるものが世の中にはたくさんあるっていうことに気づけたりする。そうすると、消えかけてた心の炎がまた息を吹き返してくれるんだ。

ほんまもんのマインドフルネスは
自分の気持ちに気づいて、
ほんとうの自分が求めている
発言と行動を選べるようになることだと思う。

日常で不安やイライラを感じたとき、感情的になって、ほんとうは望んでないことを相手に言ってしまったりすることもある。それを即効で対処する方法があるんだ。これはボーナストラック的なワークなんだけど、効き目は抜群。

イラッとしたらその場でできるし、今日から使い始めたら人生変わるよ。

たとえば、旦那さんが仕事から帰ってきたら奥さんの機嫌が悪くて、「なんでもっと早く仕事から帰ってこられないの?」「遅くなるならＬＩＮＥぐらいしてよ」と怒られたとする。

それにカチンときて「何言ってんだよ。俺が働いてるから生活できるんだろ」と旦那さんが言い返す。互いに険悪なムードになるよね。怒られて自分の立場が弱くなりそうだと思うと、この旦那さんみたいに相手を黙らせるようなことを言ってしまうこともある。

ここまで読んできたあなただったら、もうわかるよね。

そう、これはマインドが働いて無意識に自分のステイタスを上げようとしてるんだ。

でもちょっと考えてみて。相手は自分の人生のパートナーだよ。あなたにとってすごく大切な人だよね。ほんとだったら、嫌なムードになりたくないはず。

ここは、機嫌が悪くなっている理由をちゃんと聞いてあげられたほうがいいと思わない？　でもそれができない。なんでかっていうと、英語でknee-jerk reaction（お決まりの反応）っていってね、膝をポンッて叩くと脚が上がっちゃうみたいに条件反射が起きちゃうからだ。

それを、マインドフルネス的に導いてあげると、冷静に対応できるようになる。

僕は、マインドフルネスっていうのは、自分がイラッときたり、不安になったりしたとき、「お決まりの反応くるぞ！」と気づけるようになって、ほんとうの自分が求めている発言と行動を選べるようになることだと思ってるんだ。

Let's try!

WORK 

感情に名前をつけるワーク

Point 1
感情的になったら、まずそのことに気づく。

Point 2
深呼吸を3回する。
できれば90秒間は深い呼吸を続ける。

Point 3
その感情に名前をつける。

このワークは感情に名前をつけることで、感情をコントロールしやすくする練習だ。

①感情的になったら、まずそのことに気づく。

「あ、今イライラしてるな」「怖いね。イヤなのきたね」と認識する。

②深呼吸を3回する。できれば90秒間は深い呼吸を続ける。

90秒深い呼吸をすると、扁桃体《へんとうたい》からのストレスホルモンの流れが止まって、脳の視《し》床下部《しょうかぶ》がリラックスホルモンを流してくれる。

③その感情に名前をつける。

「イライラちゃん」「イラ太郎」「おこりんぼさん」「モヤモヤちゃん」「不安のネガくん」とか。アホやなって思うかもしれないけど、名前をつける。

こうすると、感情と自分の間にスペースが生まれるんだ。切り離して考えることができると、その感情に振り回されないですむ。名前をつけたら、「もう大丈夫だよ」

「わかったよ」「教えてくれてありがとう」とか、声をかけてあげるといい。感情は気づいて認めてあげると昇華する特徴があるんだ。

できたら、その感情がどんなエネルギーを持っているか感じてみると、もっとマインドフルネスが進むよ。

「不安の色はどんな感じ？　重さや感触は？」
「その気持ちはどこで感じてる？　お腹、肩の上、それとも胸の上？」

こう考えてみる。すると、「胸のところにダークグレーのモヤモヤした冷たい渦がある」みたいに感じたりするんだ。そのエネルギーに名前をつけて、「大丈夫だよ」って声をかけてあげられたらベスト。

②の呼吸のところで、カッとなって相手に言い返すような反応はやめられるはず。それだけでもかなりの前進だよね。

③は、さらに**感情を俯瞰《ふかん》してみることで自分の脳をコーチングするステップ**だ。脳の大脳新皮質《だいのうしんひしつ》の部分には複雑な神経回路がある。その中で knee-jerk reaction（お決

まりの反応）を起こす脳の線は太くなってるんだけど、使われなくなれば反応が弱まる。

その代わり、「大丈夫だよ」「いつも穏やかだね」「冷静でいられるね」といったほんとうの心が望む状態に近い反応が使えるようになる。

これを繰り返すと、脳は「そっちを定番で使うのね」と、情報の伝達と処理を担うニューロン（神経細胞）に新しいネットワークが生まれるんだ。

CHAPTER－7

問題先生、ありがとう

Thanks, Dr. Problem.

もし、人生が学校だったら、その「問題先生」は何を教えようとしているのか。

「問題」は僕たちを着実に成長させてくれる。

だから、僕は問題を「問題先生」と呼んでる。

ではなぜ、「問題」を「先生」と考えるのが大切なのか。

もし、人生が学校だったら、問題先生は何を教えようとしてるのか、何を学ばせようとしてるのか。そう考えてほしいんだ。

問題が起こったとき、まずムードが落ちるよね。

ムードが落ちると思考が変わる。思考が「できない」モードになる。すると、行動が変わる。その結果、イヤな現実が続いていく。

でも、問題を「学べるレッスン」「自分にとって必要なレッスン」というふうに考えると、フォーカスがポジティブになってムードが上がる。
ムードが上がれば、思考が変わり、行動が変わって、結果として問題がなくなる。
すると、現実がどんどんよくなっていく。

現実はじつはこんなシンプルな構造になってるんだけど、そのことを段階的に説明していこうと思う。

問題が実は怖いものじゃないってわかると、
自分はこのままでいいんだって思える瞬間がくる。
自分でいて安心だな、
俺ってけっこうしあわせじゃんって。

恐怖や不安と向きあっていくと、いろんなことが解決されていく。

そのプロセスで、自分が求めていたものがニセモノの願望だったって気づく人も多い。世間が言うことに惑わされていた。人がつくったしあわせの形を自分のしあわせと思い込んでいたなって。

だから、自分がほんとうに欲しいものが見えてくる。自分の真実が見えてくる。

それは自分の視点がどんどんリフトされてあなた自身が変化してるからなんだ。

すると、**どんなにエゴが「違うよ」と言ってきても、真実には敵わない。**

真実の道をあなたは選択して、進んでいることになる。

それに、どんな大きな問題がやってきても、あなた自身が「大丈夫だ」って思えたら、それこそ真実だから「絶対、大丈夫」になる。

今度また問題が出てきても、昔は「うわっ、怖い」と感じてたんだけど、「また同じパターンだな。よしよし」くらいに思えるわけ。

映画『スター・ウォーズ』でルーク・スカイウォーカーは一人前のジェダイになるためにジェダイ・トレーニングを受ける。

ジェダイと同じように、僕らは「問題」という訓練を受けることで、どんな不安も心配も恐れず、禅マスターのように「あるがままの自分」でいられるようになるんだ。

あなたは禅マスターになりたいとは思ってないかもしれないけどね。

問題と向き合って、それが実は怖いものじゃないってわかると、自分はこのままでいいんだって思える瞬間がくる。

妙に強がる必要もなければ、カッコつけたり、見栄を張ったり、デキるやつを気取ったりすることもない。人と比べたりすることもナンセンスだなって気づく。

完璧を目指すことも違うなってわかる。ニュートラルな自分でいられるようになる。

ウソがどんどんなくなって、ほんとうの自分でいられるから、私は私。等身大の自分でいいじゃんって思えてくるよ。

問題が起こる道こそが正しい道。

問題はチャンスだ。

問題って嫌われ者じゃん。
でも問題は僕たちをちゃんとフォローしてくれる。
恋人は逃げちゃうこともあるけど、
問題は絶対逃げない。

僕らは**「人間ハーフ」**なんだよ。「いきなりなんだよ、それ」と思ったかな。

「人間ハーフ」ってのは、人間は魂とボディのミックスだという意味。

こういう話が苦手な人はこのページ飛ばしてね。

まだ科学的にも証明されていない分野の話だけど、この世にいると誰もが自分のボディ、この肉体こそが自分だって考えがちだと思う。でも、この肉体が自分のボディだと意識している、認識しているものは何か、意識とは何か。

僕はそれが**「魂」**だと思ってるんだ。

たとえば僕が事故にあって左足を失ったとするよね。でも僕自身は自分の左足を意識することはできると思うんだ。

何が言いたいかというと、確かにボディがあるおかげで僕らはいろんな体験ができるわけだけど、それができるのは、ボディの中にある「魂」があってこそだってこと。

魂あってこそ、人間は体験ができるんだ。

ボディは魂の入れ物、家のようなもの。

じゃあ、魂はどこからきたのか。

僕は、心の世界からきてると思ってる。愛の世界。それが自分のソースであり魂の源だと思うんだ。人生が終わったときにそこへみんな戻っていく。そこには痛みがない。愛しかない。

反対にいうと、僕たちは一度愛を忘れて、痛みの経験をするためにボディを持ってこの世に生まれてきたのかもしれない。痛みを経験することによって、自分が望んでいるのは痛みじゃなくて愛なんだって気づく。つまり、**愛の素晴らしさを実感するために痛みを経験するのかもしれない。そして、どんな人間も等しく痛みを感じることはできるから、人種も国境も越えてわかりあえる。**

僕は痛みがやってきたらこんなふうに考えるようにしてる。

「これは〝聖なる痛み〟なんだ」

聖なる痛みがやってくるきっかけになるのが、人生で起こるさまざまな問題だ。
問題って嫌われ者だよね。でも考えてみて。
そのおかげで、乗り越えれば強くなれるし、他の人の痛みもわかるようになる。
問題は僕らをちゃんとフォローしてくれる。
僕の人生の最高の先生。恋人よりもいいよ。恋人は逃げちゃうから。
問題は逃げない。
ひとたびそれを乗り越えさえすれば、僕たちの魂を成長させてくれる。

問題と向き合う時間を僕は「リフトする時間」と呼んでる。
ちゃんと向き合えば、
問題はあなたを必ずリフトしてくれる。

ここでは、恐怖や不安に対する向き合い方、無理することなくリフトする方法を伝えていくよ。**「リフト（LIFT）」は「上がる」という意味。**あなたがゴールに進んでいこうとすると必ず問題が出てくる。そこから逃げ出してしまうと永遠に嫌いなことをすることになりかねない。

面倒な企画書の作成、部屋の掃除、気の重いメールの返信……。問題、ストレスがやってきたら、あなたは逃げるために何をしてる？　ネットサーフィン、ゲーム、映画、買い物、ポルノ、パチンコ、スイーツ、お酒とか、いくつかパターンがあると思うんだ。でもそれってほんとうの問題解決にはならないよね。

むしろ僕がおすすめしたいのは、**問題と向き合う時間をつくること。**

毎日じゃなくてもいい。僕は週2回、問題と向き合う時間を「**リフトする時間**」と呼んでる。

まず、ノートやパソコンに、何を恐れているのか、何が不安なのか、どこが心配なのか、全部書き出す。

ちょっとビビッてることも全部書く。「やる気が続かない」「お金が貯まらない」とか、病気でも人間関係でも、とりあえず書きまくる。

書き出すと問題にも難易度があるのが見えてくる。死ぬほど大きな不安、手ごわい不安、中くらいの不安、小さな不安って感じだ。その中から1〜3個選んで○をつけてほしい。ポイントは、中の上、難易度80％くらいの問題を選ぶこと。固まって動けないほど怖くなるものでも、簡単すぎるものでもないレベルの不安だ。

不安がいっぱいあって3つに絞れないという人は、余計に1個だけ選んでみて。このプロセスは問題と向きあうことを習慣化するのが目的だから、はじめは欲張らないほうがいい。1つのことを続けて問題と向き合って恐れを感じなくすることが目的だ。問題はあなたを必ずリフトしてくれる。そのことをわかってほしい。

あの問題、この問題って気になると思うけど
問題は混ぜないこと。
1つずつ問題に向き合う。
恐怖や不安、問題は連続では現れてこないから。

問題をピックアップしたら、考えとプランニングというプロセスに入る。
Observing the storm（嵐を観察する）。「嵐＝問題」を眺める時間だ。

問題を早く解決したい、すぐにどうにかしたいって思うかもしれないけど、焦らなくていい。書き出してみてわかると思うけど、問題ってすぐにどうにかできることばかりじゃない。嵐の周りを飛行機で飛んで、近づいたり離れたりしながら、ほどよい距離を取って嵐を眺めてみよう。

ほどよい距離感を保っておかないと、この嵐が、ほかの嵐を巻き込んで大きくなっていくように思えることがある。

たとえば、ピックアップした問題が「家の片づけをする」だとするよね。家を片づ

けているんだけど、「運動する習慣もつくらなきゃ」「健康的な食事をとる習慣も大事だ」「そういえば支払いが遅れてる」「仕事のやる気が続かない」って、あらゆることが気になりだして問題が芋づる式に大きくなってしまう。

そうするとどうなると思う？

不安や恐怖に耐えきれなくなって、全部ほっぽり出して逃げたくなる。

だから、「向き合う問題は1つに集中すること」が重要。

恐怖や不安、問題は連続では出てこないという特徴があるから大丈夫。

一つ一つの問題に向き合えば、気づいたらちゃんと前に進んでいて、嵐の上を飛んでいることがわかる。暴風雨に巻き込まれてもがくこともない。

嵐は距離をおいていたら大丈夫、平気なんだよ。

こうして問題を眺める習慣を持つと、嵐の風力を味方につけて嵐の上を越えていくような感じで問題を解決できるようになる。「問題や恐怖は悪いもの」「永遠に続く怖いもの」ではないということを、少しずつリアルに理解できるようになる。

行動することをおおげさに考えすぎてないか。
自分のフライトプランを立てるんだ。
プランを見てると、勝手に恐怖や不安がなくなっていく。
ネガティブは「大丈夫」に簡単にチェンジできる。

問題を眺める時間が終わったら、フライトプランに入ろう。

どうやって嵐を越えるか、計画していこう。

たとえば、僕の場合、「再生回数が下がる」という恐怖と向き合うとする。そうすると、再生回数と売上げの関係を見たりして、実情がわかる。**それで、どうしたら「大丈夫になるか」を考えてみて、できること、気になることを書きまくるんだ。**

「今ある全財産を調べておこう」「子どものための保険を考えておこう」「支払い関係はどうなっているか」「ＥＴＦ（上場投資信託）をやろう」とかね。

そうすると、自分が問題に対してとれる行動が見えてくる。

書き出したものはおのずと目標リストにもなる。それを毎日見るだけで、実際に行

動しなくても、恐怖や不安が減っていくよ。

だから、毎日見ることは絶対にやってほしい。怖さや不安が減ってくると、「これはプロのファイナンシャルプランナーや税理士さんに相談したほうがいいな」「これは○○さんが知ってそうだから話を聞いてみよう」とか、さらに具体的な行動を考えられるようになる。それもまた全部書き出す。

ここまでくると、「これはすぐやる」「これは月末までにやる」「これはちょっと保留」という感じでタスク管理ができて、スケジュールに落とし込めるようになる。

僕はこれを90日間でクリアできるようにマンスリーとウィークリーで管理してる。問題を解決して自分を変えるためには行動が大事なんだけど、その勇気が出なくてみんな悩む。でもこうやって一つ一つ目標を小さく小さくしていくと、「行動する」ということをおおげさに考えすぎてたって気づくよ。

「あんなに不安、怖いって思ってたのは一体何だったの?」

ネガティブなエネルギーも、全部「大丈夫」なエネルギーにチェンジできる。

Let's try!

WORK

「やることリスト」のレベル分けをする

Point 1

できそうなこと、気づいたことリストを毎日見る。

Point 2

リストを眺めて具体的行動を導き出し、タスクを重要性と緊急性で分ける。

Let's try!
WORK

このワークでは「問題をレベル分け」して片づけていくよ。

次のステップで進めてほしい。

ステップ①

「何が起こっているの？」「今何ができる？」「どうしたいと思っている？」「注意したほうがいいことは何だろう？」と、できそうなこと、気づいたことをどんどん書き出してリストをつくる。

このリストを毎日絶対3分見る。1分でもいい。通勤時間とか、会社についてパソコンを立ち上げてる間とか。見てるだけで、「怖い」「不安」な感情がなくなって「どうすればいいか」具体的なアイディアが出てくるから。

ステップ②

リストを眺めて、「誰かに相談してみよう」「これはすぐにできそうだ」「資料を取り寄せてみよう」という感じで、より行動が具体的に見えてきたら、そのタスクを重要性と緊急性で分ける。

A **重要＋緊急＝すぐにやる（あまり考えることなくできる）**
B **重要＋緊急でない＝すぐじゃなくてもやる（長いスパンで継続的に取り組む）**
C **重要でない＋緊急＝人に任せる（結果的に自分自身の時間を生む）**
D **重要でない＋緊急でない＝保留してOK（ほとんどキャンセルしていいこと）**

A、Bをスケジュールに落とし込む。特に、Bをやっていくことが大事。重要度の高い長期的なタスクだね。必要なスキルを磨いたり、体力維持のトレーニングを継続的に行ったり、計画的に続けたりする内容で、自分に大きな変化をもたらしてくれる。

問題の大きさにもよるけど、90日を目安に余裕を持ってスケジューリングしたほうがいい。大きな貯金や借金返済、健康的な体を手に入れるみたいなことは、90日でも足りない場合も多い。そういう場合は、3か月後にもう一度見直してみると、もっといいアプローチを見つけられたりする。

これをやると、いかに自分が今すぐやらなくていいことをやりまくっていて、大切

Let's try! WORK

なことを後回しにしているかわかるよ。

取り組む時間は、15分×週2回をスケジュールにフィックスするのが理想。時間帯は夜はあんまりおすすめしないな。疲れていると、この作業が嫌いになるからね。ランチタイムに15分とか、気軽に集中して取り組める時間を選んでほしい。

僕は週末の午前中に入れたりすることが多いよ。

CHAPTER – 8

自分のことを一番信頼してあげて、最高の人生にしていこう！

Les't trust ourselves to make the best life we can!

誰かからダークなハラスメントを受けてるってことは、自分がそれを許している部分もある。自分にも責任があるんだよ。

最後にリアルな世界の真実をお伝えしようと思う。

これは、受け入れ難く難しい考え方かもしれないけど、知っておくと魂の学びが進むと思う。**もしあなたがパワハラとかダークなハラスメントを受けているとしたら、あなたにも責任があるという真実なんだ。**

僕は昔、辛い職場環境にいて、机をバンバン叩く社長のパワハラを受けていたことがある。でもそれは、僕とその社長の間で生まれたエネルギーの働きだったという面もあるんだ。一方的にやられていたわけではなくて、僕もその関係性に参加していたってこと。

傷つくことをたくさん言われても、「ご指導ありがとうございます」「さすが、社長ですね」と受け入れてた。ニュートラルな視点でみると、エネルギー的には2人のコラボレーション、ダンスなんだよ。磁石のS極とN極がひっついてるみたいに。やられているほうがかわいそうにみえるけど、犠牲者にも責任があるってことなんだ。

ジャイアンは、「やい、のび太」って、いつものび太君を狙《ねら》ってイジめるよね。のび太はボコボコにされて泣いてドラえもんに助けを求める。もしのび太がドラえもんに頼らず、「やめてくれ」って毅然《きぜん》とした態度で言ったらどうだろうか。ジャイアンはそういう強い人をイジめることはできない。

もし、いつも自分が被害者になるハラスメントが起こっているとしたら、自分がそれを許しているかどうか考えてみてほしい。そこから抜けるためには、ウソの生き方をしないこと。心を選んでいくほかないんだ。

人にエフェクトされる前に心をガードする方法がある。スター・ウォーズの「May the Force be with me」(フォースよ、我とともにあれ)みたいに、宣言して言霊《ことだま》でバリアを張るといい。「事故がないように」「光が私とともにありますように」「心とマインドのアライメントが取れますように」とか、相手に自分の力を渡さないようにする小さな祈り。そうやって常に心とつながることを意識していくといいよ。

人は自分の心を信頼する一歩手前の段階で魂の真っ暗な夜に飲み込まれる。それはエゴがパワーを失った暗い夜。夜明け前寸前なんだよ。

これからは心に従って生きていくことが大切になってくる。

あなたも、この本でお伝えしてきた恐れや不安と向き合う方法や、ライト・プラクティスをやってみると、少しずつ自分の世界が心の世界に変わっていくことを感じると思う。**その過程では、マインドの世界を選ぶのか、心の世界を選ぶのか、何度も繰り返し決断を迫られることがあるはず。**

あなたが、強く自分を信頼して、心の世界を選んだとするよね。そのとき、キリスト教でいうところの「Dark night of the soul ＝魂の暗い夜」というものが襲ってくることがある。これは、実際には、魂じゃなくて「エゴの暗い夜」を意味するんだ。

心の世界、愛の世界を信じて生きると決めると、自分のエゴ（マインド）がサバイバルで生きていたときに使っていたパーソナリティやブリーフシステムは全部使えないって気づく。

もう一方で、まだ新しい生き方や考え方がそれほど明確じゃなかったりすると、自分は一体何を信頼したらいいかわからなくて、自分の中の主電源がダウンする。

真《ま》っ暗闇《くらやみ》に一人で船に乗せられて海に放り出されたみたいな感じといえばいいかな。その船はエンジンも壊れて、マストも折れてる。星も見えない。あるのは自分だけ。頼れるのは心のコンパスだけってなる。そんなふうに直感で進む方角を決めなくちゃいけないような時期がくる。

怖いよね。でも大丈夫。

忘れてはいけないのは、夜が一番真っ暗なのは、太陽が上がる直前だってこと。

だから、絶望寸前みたいな闇がやってきても、怖がりすぎてまたウソを選んだり、やりたくないことをしないでほしい。

その暗闇は、「自分はどう生きていくのか」という決断をする通過儀礼のようなもの。後は明るくなるだけだ。夜明け前なんだから。

明けない夜はない。
いつだって暗闇から抜け出せる。
マインドは壊れても
自分の心は絶対に壊れない。

「Dark night of the soul ＝魂の暗い夜」がくる時期は、人それぞれだ。

どんな生き方をしてきたか、人それぞれ違うから。

ただ、30歳前後もしくは40代〜50代にかけて経験する人が多いらしい。

30代前後は、社会が見えてきて、ほんとうの意味で大人になる時期。「キャリアチェンジをどうするか」「結婚はどうするか」「夢は叶《かな》うのか」としきりに考える。

安定した社会生活を選ぶのか、自分のビジョン、心を信じて生きていくのか、選択に迷う。

40代〜50代にかけては、「ミッドライフ・クライシス＝中年の危機」という形でDark night of the soul が出てくることがある。

「俺が今までやってきたことは無駄ではないか」
「何を信じていたのか」
「もう何もできない」
「残りは少ない」
「もう必要とされていない」
「自分の望む人生を生きていない」

こんなふうに。

今、ほんとうに自分が変わっていける時期だよ。
全人類にDark night of the soulがきてもおかしくないような時期。

自分の望む人生を生きていない。もしそんなふうに思ったら、若かろうが、中年だろうが、男だろうが女だろうが、一切関係ない。

自由になろう。過去の自分を縛っている心の鎖を切っていこう。どんな暗闇も抜け出していける。マインドは壊れても、**心は絶対に壊れない。**

絶望寸前みたいな闇が
やってきても大丈夫！
その暗闇は「夜明け前」
なんだから。

僕らは大いなる自然がもたらす奇跡のバランスの一部。人間には直感が備わっている。それこそが心だ。

想像してほしい。

僕たちがいる星からおよそ1億4960万キロの場所に直径約140万キロのでっかい炎が燃えている。地球が139万個入るくらいでっかいメガファイヤーボール。温度は5700度。およそ46億歳。このメガファイヤーボールから光速8分20秒でこの地球に宇宙を飛んで光が届いている。それが**「太陽」**だ。

太陽エネルギーは僕たち生命すべての原料だ。でも、太陽のような恒星と呼ばれている星は、核反応によりエネルギーを放出しているから、その光には放射線が入っている。つまり核エネルギーだ。直接浴びたら死んでしまうような放射線が、地球には絶えず宇宙から降り注いでいるんだ。

じゃあなぜ、僕らが平気でいられるかといえば、地球は僕たち人間と同じようにエネルギーを放っていて、マグネティック・フィールド（磁場）というものが存在する。

方位磁石は必ず東西南北を指すよね。マグネティック・フィールドのエネルギーは、地球の約64万キロ離れたところにリーチして、オゾン層を形成して太陽からの有害物質である放射線や紫外線をブロックしてくれてるんだ。

しかも、地球のある場所というのが奇跡的で、惑星間空間に、ほんの小さな空洞があって例外的にその場所にある。いくつもの奇跡が重なって僕たちが太陽から必要な分の光を受け取ることができる仕組みがあるからこそ、生命がこの星に生まれ、暮らしていられる。

地球は知れば知るほど、ほんとに奇跡の星なんだよ。

たとえば、世界でもっとも広い砂漠、サハラ砂漠では毎年1億8200万トンの砂が風で舞い上がる。そのうち2700万トンの砂漠の砂が大西洋を越えてアマゾンのレインフォレスト（熱帯雨林）に届いている。

アマゾンはスコールや大洪水で、土とともに樹木の大切な栄養素であるリンも大量に流れてしまう。でもサハラ砂漠から運ばれてくる大量の砂ぼこりのおかげで、流れてしまったリンを大量に補給することができて、アマゾンはレインフォレストを維持している。**地球にある生命は、直感的にこの「バランス」というものを察知して生命を輝かせている。**

日本の鮭《さけ》の回遊ルートを探ると、日本の鮭は北海道の川からスタートして、オホーツク海、シーズンによってはベーリング海を渡ってアラスカまで行って数年かけてちゃんと戻ってくる。誰かが教えたわけでもないのに。すごいよね。

夏の北米にはヴィアリィ（Veery／ビリーチャツグミ）という手の平サイズの小さな鳥がいるんだけど、ある鳥の研究者がその鳥が冬はどこに渡っているのか、GPSを付けて追跡調査をしたら、なんと北米からカリブ海を渡ってブラジルで冬を過ごしていることがわかった。

それだけじゃない。

カリブ海というのは、夏に毎年ハリケーンのシーズンがくる。アメリカの気象庁はサテライトや最新の科学技術を駆使してハリケーンの予測を立ててるんだけど、しばしば外れる。でもこの鳥は、ハリケーンのシーズンの前にちゃんと南米に飛ぶんだ。気象庁の予測より早くて、しかも当たってる。
ほんとに小さな鳥なのに1日で数千キロの飛行を休息なしで行う。日本でも5月の頭くらいになると、いろんな鳥が南のほうから帰ってくると思うけど、**自然界はそんなふうにウソみたいな奇跡だらけなんだ。**
でもね、この直感的な機能はあなたにもついているんだよ。

僕はそれこそが「心」だと思ってる。

「これはうまくいきそうだな」
「これはダメそう」

こんな感じで直感的にわかることってあるよね。ふと気になった友人からメールが偶然届いたりした経験がある人も多いと思う。「虫の知らせ」と言ったりするけど、そういう能力が人間にも備わってる。
それは**僕らも自然界のバランスの一部**だからなんだ。

僕たちには、FREE WILL、自由意志がある。
真っ白いキャンバスに自分の意志で
自由に好きな人生を描いていける。
あなたは自由な生き方を選べる。

環境問題というのは、この生命が持つ奇跡のバランス、美しいハーモニーが崩れていることへの警告だ。地球温暖化が進んでオゾン層に穴が空いてしまって酸性雨が降ってくるとか、乾燥がひどくて世界中のあちこちで山火事が止まらないとか。

その原因は、僕たち人間が「自分たちさえよければいい」っていうサバイバル思考で環境を壊し、モノをつくっては捨て、つくっては捨て……とやってきたツケだと思う。

どうやったらバランスを取り戻していけるのか。
それは、あなたもこの奇跡のバランスの一部だって自覚すること。
自分は自然そのもの。そのことを信頼することだ。

もしあなたが、人間は自然の一部ではないと思っていても、そもそも僕たちは奇跡の星という、マインドがまったく理解できない場所に住んでいるんだよ。この地球は奇跡の宝庫。まだまだマインド、人間の頭じゃ追いつかないような神秘がたくさんある。それが真実なんだ。

人間は誰もが大切なFREE WILL（自由意志）を持っている。

もしあなたが、人間は朝6時に起きて仕事に行ってちょっとバカンスとって家族をつくってローン返してハイ終わりっていうのを信じたいんだったら、それはあなたの自由意志でそれを選ぶことができる。

でも、もう一つの現実として、真っ白なキャンバスに宇宙を描いて、すべての生命に役割があって、見えないかもしれないけどハーモニーがあるという絵を描く、そういう世界の一部として生きるのも、自由意志で選べるんだ。

今、人類の間には、新しい考え方や知識が広がっていくところだ。

周りの大人や会社やマスコミが気づいていないということはおいて、あなたは自然とつながっている。それが真実だ。

僕たちは頭でわからなくても、心で信頼することができる。

あなたがほんとうに困っているときは、「ほんとうの自分で生きていけるように、自分が心を選んで生きていけるようにガイドしてください。私に必要な学びがあったら教えてください」と、自然や宇宙に心から導きをお願いすれば、ガイドしてくれるはずだ。

意志はエネルギーだ。

必ずエネルギーからはリアクションが返ってくる。

恐れることはない。

あなたは自由な生き方を選んでいける。

おわりに

この本を手にとってくれたあなた。
最後まで読んでくれてありがとう。

僕は、誰もが心に従って生きること、
心とアライメントを取ることによって、
地球全体でハーモニーを合わせられるようになっていけると思っています。

この自然はいつも美しいハーモニーを奏でている。
宇宙のデリケートなバランスから成立する、

地球上のさまざまな動物や植物、鳥たちや海の生物たち。
そして微生物などのミクロの世界の生き物たちまで。
それらがすべて調和しながら生きていることで、
「ガイア」と呼ばれる地球は、完璧なハーモニーを保っている。

この宇宙や地球にハーモニーを起こしているのは、何か。

それは、フォース。
そう、映画『スターウォーズ』にも登場する「フォース」だ。

フォースは、あらゆる生命の源、循環でありエネルギー。
目には見えなくても、本当にあるもの。
いま、あなたもフォースの一部であることに気づくときだと思う。
僕たちは、心に従って生きることでフォースを感じることができる。

それは、あなたが悩んだとき、問題にぶつかったとき、
少しずつでも、光を選び、愛を選び、優しさを選んでいくということ。
自分にも優しく、周りの人にも優しくいること。

忘れないでね。自分に優しくするということは、
ときに誰かを断ることも大切になってくるから。

あなたがほんとうの意味でしあわせになることは、
周りの人やみんなのしあわせにつながっていくんだよ。

湖に石を投げると波紋が広がっていくように。

あなたは大丈夫。絶対できる。

Thank you,
Chris

Special Thanks

編集の寺崎翼さん、

ライターの林美穂さん、

堀香織さん、

デザイナーの佐藤ジョウタさん、後藤ツカサさん、

フォレスト出版デジタルメディア局の渡部洋平さん、

今井和樹さん、

そして太田社長、

本当にありがとうございます。

ライトハウスチームの安武沙也佳さん、

廣川由香さん、

いつも応援してくれてありがとう。

最後にシャーロット、息子のキット。

Thank you so much for supporting me.

I could have not done it without you guys.

【著者プロフィール】
クリス・モンセン（Christian Monsen）
ライフコーチ
1980年生まれのカナダ人クォーター。慶應義塾幼稚舎入校、慶應義塾湘南藤沢中等部在学中、12歳でアメリカ・ニューヨークへ移住。高校卒業後、単身でアメリカを横断、19歳で47州を訪ねる。25歳で日本に帰国、テンプル大学卒業。現在は株式会社LighthouseのCEO。
日本に帰国後、非常に厳しい環境の下で働いた経験を機に、現代特有の仕事や働き方に対して問題提起をするとともに、グローバルな知識に軸を置いた教育を提供している。
本人が出演するYouTubeチャンネル「クリスの部屋」では、チャンネル登録者37万人、トータル再生数は2500万回を突破、教育系YouTubeのカテゴリで人気を博している。また2012年から2014年まで、東京工業大学グローバルリーダーシップ教育院でL-WoP（Language Workout Program）からの派遣講師としても活動。
人生における様々な問題を解決するためには、枠にとらわれない画期的な教育を提供していくことが解決の糸口になるという考えから、今後も様々なコンテンツ開発に取り組み、教育に革命を起こしていくことをLIFE VISIONとして掲げている。

生き方は、選べる。

2020年12月4日　　初版発行

著　者　クリス・モンセン
発行者　太田　宏
発行所　フォレスト出版株式会社
〒162-0824 東京都新宿区揚場町2-18　白宝ビル5F
電話　03-5229-5750（営業）
03-5229-5757（編集）
URL　http://www.forestpub.co.jp

印刷・製本　日経印刷株式会社

ISBN978-4-86680-108-7　Printed in Japan
乱丁・落丁本はお取り替えいたします。